Copyright Hans-Gert Herberz

Herstellung und Verlag
BoD – Books on Demand,
Norderstedt
ISBN 9783739210926

Hans-Gert Herberz

Die Ente „La Quak"

und andere
lustige und hintersinnige
Tiergeschichten

Ich widme dieses Buch
meinem Sohn Marc,
dessen erstes Stofftier, eine blau und weiße Ente,
die er in seiner Babysprache „Quak" nannte, Anlass
war für die erste von vielen Geschichten in dieser
Sammlung.

Vorwort

Lieber Leser,

es gibt drei Typen von Menschen.
Der erste Typ ist sehr tierlieb, was er dadurch zeigt, dass er seinen Hunden keine Süßigkeiten und keine Leckereien abschlagen kann und sie rund und „moppelig" füttert. Wenn dann später der Bauch des kleinen Lieblings über den Boden schleift, dann sorgen diese tierlieben Menschen dafür, dass der Fußbodenbelag in der Wohnung immer schön glatt ist, damit es das Tier leichter hat und der Bauch schön gleitet. Nach draußen gehen sie mit ihren Tieren dann natürlich nicht mehr, denn der Bauch würde ja dort durch den Dreck schleifen, und das Tier könnte sich dadurch vielleicht eine Krankheit zuziehen. Ihren Katzen legen diese Tierfreunde natürlich reich verzierte Leinen um, was diese sicher riesig freut, weil es besonders artgerecht ist.

Der zweite Typ sind die Menschen, denen Tiere gleichgültig sind, was nun auch kein Zeichen von übermäßiger Intelligenz und überragendem Denkvermögen ist. Ob sie z. B. mit ihrer Benzinkutsche einen Stein oder einen Igel überfahren, ist ihnen einerlei. Es interessiert sie nur in soweit, als ihrem „Stinkgefährt" nichts geschehen darf.

<u>Der dritte Typ</u> mag Tiere oder einzelne Tiergattungen überhaupt nicht leiden. Diese Menschen sind vielleicht irgendwann einmal von einem Hund gebissen worden, den sie vorher, als sie ihn sicher eingesperrt wussten, bis zur Weißglut gereizt hatten. Vielleicht gackern auch die Hühner des Nachbarn zu früh am Morgen oder die Frösche im Dorfteich quaken zu laut in der Abenddämmerung.

Für alle drei Menschentypen sind diese Geschichten geschrieben.
Der erste Typ kann so richtig in Tierliebe schwelgen, sich also bestätigt fühlen.
Der zweite Typ kann das Buch verschenken, weil er sich sowieso nichts aus Tieren und Tiergeschichten macht.
Der dritte Typ wiederum sollte das Buch lesen, um sich wieder so richtig ärgern zu können über die vorwitzigen, die schlauen, die überlegenen Tiere und natürlich über den Verfasser, der so

einen 'Schmarren' schreibt, der Tiere den Menschen gleichstellt oder gar teilweise ihre Überlegenheit dem Menschen gegenüber zeigt.

Allen drei Typen der Spezies Mensch wünsche ich beim Lesen der Geschichten die Bestätigung, dass ihre spezielle Einstellung selbstverständlich richtig ist!

Der Verfasser

Inhaltsverzeichnis:

1. Der Frosch „Agathe"
   Seite 15
2. Die Spinne „Jonathan"
   Seite 43
3. Die Ente „La Quak"
   Seite 63
4. Das Wildschwein „Willibald"
   Seite 73
5. Das Eselchen „Dagobert"
   Seite 89
6. „Hermine", die kluge Schulmaus
   Seite 107

7. „Heinrich", der Heuschreck
   Seite 123
8. „Kasimir", das Murmeltier
   Seite 137
9. „Bosse", der Bär
   Seite 151
10. „Herkules", der Löwe
    Seite 163
11. „Theoderich", der Elefant
    Seite 177

Der Frosch „Agathe"

*

Der halb verlandete Weiher am Rande des kleinen Dorfes im engen Talkessel zwischen den mächtigen Bergriesen war schon ein Paradies, das musste sogar Agathe zugeben, die selten mit etwas zufrieden war und an vielem etwas auszusetzen, oder besser gesagt, etwas „auszuquaken" hatte. Es gab Schilfwälder am Ufer und im offenen Wasser sogar noch einige Seerosen mit ihren breiten Blättern, auf denen man sich herrlich sonnen konnte.

Die Froschkolonie, zu der Agathe gehörte und in der sie ein gewichtiges Wort „mitzuquaken" hatte, lebte in dem kleinen Paradies am Rande des Dorfes glücklich vor sich hin, genoss die Annehmlichkeiten des modrigen Wassers und die Sonnenbäder auf den Seerosenblättern. Man sorgte sich nicht um die Zukunft, denn solange man sich erinnern konnte, hatte sich hier in ihrer kleinen Welt nichts verändert, und auch die Alten wussten nichts anderes von früher zu berichten.

Doch wie es so ist, wenn man seine Welt für geordnet hält und glaubt es könne sich nichts ändern, hatte das Schicksal eine unangenehme Überraschung parat.

Einige überkluge Gemeinderäte des kleinen Dorfes mit dem Herrn Bürgermeister an der Spitze hatten beschlossen, dass man auch ein Stück vom saftigen Kuchen des Tourismus abbekommen sollte. Man wollte Sommergäste ins Dorf locken, die Erholung vom Stress der Arbeitswelt im Stress des Bergwanderns und Bergsteigens finden sollten.

Und damit das Geschwader der mit Kniebundhosen, Trachtenhüten und den mit vielen Souvenirplaketten benagelten Wanderstöcken bewaffneten 'Preußen' auch bequem anreisen konnte, musste natürlich eine breite Straße vom Dorf bis zu den Bergen gebaut werden. Das schmale Sträßchen, auf dem gerade einmal zwei Pferdefuhrwerke oder Ochsengespanne aneinander vorbeifahren konnten, musste für die ungestörte Fahrt der „Benzinkutschen" wesentlich verbreitert werden. Flugs wurden breite Streifen der Felder neben der Straße mit dem Räumer platt gewalzt, und weil der

Weiher, in dem Agathe und ihre Freunde lebten, genau im Verlauf der Ausbaustrecke lag, schüttete man einfach einen Damm auf, mitten durch ihn hindurch.

Jetzt gab es plötzlich zwei Weiher. Mit brutaler Gewalt hatte man einfach das Wohngebiet der Frösche getrennt und so auch Familien auseinander gerissen. In stillen Nächten hörte man zwar hüben wie drüben das Quaken von der anderen Seite, doch der riesige Wall stellte ein schier unüberwindliches Hindernis für gegenseitige Besuche dar.

Unüberwindlich? Schon nach einigen Tagen nach Ende der Straßenbauarbeiten beschloss Agathe, sich auf den Weg zu machen. Das wollte sie doch einmal sehen, ob man sie von ihren Freunden fernhalten konnte. Und besonders nicht von einem, für den sie noch ganz andere Hindernisse überwinden würde!

Sie sprang aus dem Wasser und hüpfte in langen Sprüngen auf den riesigen Wall zu. Sie musste oft um dicke Steine, die sie nicht einfach überspringen konnte, herumhüpfen. Und so wurde der Weg auf den Berg verteufelt anstrengend. Ihr taten schon bald alle Knochen weh und sie wusste, dass viele der anderen

Frösche diese Strecke nicht würden zurücklegen können.

Doch sie wollte nicht unverrichteter Dinge zurückkehren. Also hüpfte sie mit letzter Kraft weiter, denn sie wollte unbedingt den Kamm erreichen, um ihre Freunde von der anderen Seite wenigstens zu sehen!

Schließlich, als sie schon glaubte, sie könne nicht weiter und die Pausen zwischen den Sprüngen immer länger wurden, erreichte sie oben auf dem riesigen Wall eine schwarze, glatte Fläche. So etwas hatte sie noch nie gesehen, auch noch nie unter ihren Füßen gehabt. Und der glatte Belag roch auch so komisch

Erschrocken hüpfte sie plötzlich einen Satz zurück, als mit einem Ohren betäubenden Lärm und einem bedrohlichen Brausen eine dieser „Benzinkutschen" auf sie zu donnerte. Ihr Herz schlug bis zum Hals. Beinahe hätte dieses Donnergefährt sie erwischt! Und schon wieder näherten sich diese Geräusche und dicht an dicht brausten die „Stinkkisten" an ihr vorbei. Agathe sah keine Möglichkeit, über diese komische Fläche zu kommen, ohne um ihr Leben hüpfen zu müssen.

Müde und sehr enttäuscht, weil sie ihre Freunde noch nicht einmal von Weitem gesehen hatte, hüpfte sie den Hang wieder hinunter.

Unten am Weiher wurde sie schon erwartet. Sie sprang auf ein Seerosenblatt und berichtete ihren Genossen von ihrem Abenteuer. Es herrschte große Ratlosigkeit. Alle waren sich einig, dass das kein Weg war, um zu den Freunden auf der anderen Seite zu gelangen. Und doch musste etwas geschehen!

Es ging ja auch schon lange nicht mehr nur um die ersehnten Verwandtenbesuche. Die Angelegenheit war quasi lebenswichtig geworden. Der kleine Teil des Weihers, der ihnen hier auf ihrer Seite geblieben war, verlandete mehr und mehr und zu allem Überfluss landeten, seit die stinkenden „Donnerkisten" oben vorbei sausten, alle möglichen Abfälle und viel Unrat in ihrem Reich.

Nach langem Gequake, jeder wollte natürlich seine Meinung sagen, und jeder hielt natürlich seinen Vorschlag für den einzig richtigen, einigte man sich schließlich auf Agathes Plan, den Übergang an der flachsten Stelle des Dammes, im Dorf zwischen den Häusern der Menschen nämlich, zu wagen. Sie hatte auf einigen Hüpfexpeditionen nämlich herausgefunden, dass dort kein Wall aufgeschüttet worden war.

Auch über die Zeit hatte Agathe genaue Vorstellungen. Das Unternehmen musste in der Dunkelheit über die Bühne gehen, wenn nämlich, wie sie ja hören konnten, kaum oder doch sehr wenige „Donnerkisten" unterwegs waren.

Der nächste Tag verging mit Vorbereitungen für den langen Marsch wie im Flug, und die letzten Strahlen der untergehenden Sonne sahen eine schier endlose Reihe von Fröschen mit Agathe an der Spitze als Wegweiser in Richtung Dorf hüpfen. Man würde dort etwa in der Mitte der Nacht eintreffen, was für ihr Unternehmen wohl die richtige Zeit sein dürfte, weil dann die Menschen in ihren Behausungen waren.

Die Kolonne erreichte das Dorf gerade in dem Augenblick, als der volle Mond hinter einer dicken Wolke hervor kroch und das Dorf, das vorher in völliger Dunkelheit gelegen hatte, in silbernes Licht tauchte.

Auf einmal setzten sich die Frösche, die vorher im Gras des Straßenrains gewartet hatten, auf ein Zeichen von Agathe hin in Bewegung.

Sich durch lautes Quaken anspornend, hüpften und krochen die Frösche genau vor dem Haus des Bürgermeisters über die Straße.

Das Froschkonzert war dermaßen laut, dass nicht nur die „hohe Obrigkeit" aus dem Schlaf fuhr, sondern auch einige 'Kurgäste', die in der oberen Etage des Bürgermeisterhauses „residierten", dann auf den Balkon traten, um den Grund für die nächtliche Ruhestörung zu ergründen.

Je länger das Quakkonzert dauerte, umso mehr Lichter gingen in den umliegenden Häusern an.

Der Bürgermeister wurde von zunehmend mehr Stimmen aufgefordert, etwas zu unternehmen, sah sich aber angesichts der grünen „Hüpfinvasion" sichtlich überfordert.

Er wusste, dass er eine beruhigende Erklärung geben musste und war dann nur allzu gern bereit, den Erklärungsversuch eines neunmalklugen Pensionsgastes als seine eigene Erkenntnis an die Leute weiterzugeben, dass nämlich die besondere Helligkeit des Vollmondes und der Umstand, dass eine Föhnfront aufziehe, der Grund für dieses ungewöhnliche Schauspiel sei.

Und wie Politiker nun einmal sind, ignorierte er die Einwände, da ihm keine anderen

Argumente mehr einfielen und forderte alle auf, sich wieder ins Bett zu legen. Er habe die ganze Sache „voll im Griff" und werde dafür sorgen, dass so etwas nicht wieder vorkäme.

Mittlerweile hatten, bis auf ein paar Nachzügler, alle Frösche die Straße überquert und hüpften nun in die Richtung der zweiten Weiherhälfte davon. Im Dorf trat wieder Ruhe ein und der Mond, der verdutzt vernommen hatte, dass er der Schuldige an der Froschprozession sei, verschwand schmollend hinter einer Wolke und tauchte das Dorf wieder in Dunkelheit.

War das eine Begrüßung, als die Froschkolonne mit den ersten Strahlen der Morgensonne an ihrem Ziel ankam! Freunde und Verwandte, die sich lange nicht gesehen hatten, umarmten sich und alles quakte durcheinander, weil man sich ja soviel zu erzählen hatte.

Sogar die Kühe auf der nahen Weide hoben verwundert ihre mächtigen Köpfe ob dieses ungewöhnlich lauten Durcheinanders und ob dieser am frühen Morgen so störenden Betriebsamkeit.

Der herrliche Sonnentag verging wie im Fluge mit ausführlichem Schwimmen und Sonnenbaden der Jungen, mit gemütlichem Bequaken allgemeiner Probleme der Alten, vor allem dem Planen der weiteren gegenseitigen Besuche. Auch hier hatte Agathe wieder die bahnbrechende Idee. Als die Sonne unterging und die Besucher sich auf den Heimweg machten, begleitete sie eine kleine Gruppe ihrer Gastgeber, um den Weg kennenzulernen und dann beim Gegenbesuch als Führer dienen zu können.

Die Nacht war sehr dunkel und die Frösche quakten laut vor sich hin, um dem voraus Hüpfenden zu sagen, dass die Kolonne noch dicht geschlossen war und dem Nachfolgenden akustisch den Weg zu weisen und vor Gefahren zu warnen.

Besonders laut und eindringlich musste man sich vor den Gefahren warnen, die zwischen den Häusern der Menschen lauern konnten und die beim Überqueren des großen Platzes vor dem Rathaus drohten.

Wie nicht anders zu erwarten, gingen auch in dieser Nacht wieder die Lichter in den umliegenden Häusern an. Kurgäste und Einheimische gleichermaßen traten verschlafen auf die Balkone oder sogar vor die Haustür, unwirsch, ja teilweise sogar wütend ob der erneuten nächtlichen Störung.

Dem Herrn Bürgermeister war es recht unwohl in seiner Haut, als er die schon deutlicheren Rufe hörte, dass wohl endlich etwas geschehen müsse und sogar einige der umworbenen 'Kurgäste' schon von ‚Abreise' redeten, weil man ja in diesem Dorf nicht zum Schlafen käme.

So kleinlaut der Bürgermeister angesichts der unerklärlichen Froschinvasion und des Volkszorns auf dem Balkon noch gewesen war, in der sofort einberufenen Sondersitzung des Gemeinderates schimpfte und wütete er um so lauter und malte den erschrockenen Freizeitpolitikern ein dunkles Zukunftsbild, wenn das nächtliche Lärmproblem nicht in den Griff zu bekommen sei.

Die anfänglich verschlafen und teilweise uninteressiert dasitzenden Ratsherrn, wurden alle, wie sie da waren plötzlich hellwach, als ihnen klar wurde, dass die Schulden, die jeder von ihnen gemacht hatte, um ein Stück vom Kuchen abzubekommen, ohne das weitere Aufblühen des Tourismus sie alle erdrücken würden.

Es hob ein Zetern und Klagen an und jeder war natürlich ärmer dran als der Nachbar und jeder, egal aus welcher Partei, forderte vom Bürgermeister, dass er besonders ihm helfen müsse, da seine Probleme die größten seien.

Eine Menge Vorschläge wurden gemacht, wie das Problem der Froschinvasion zu beheben sei. Und als der Morgen dämmerte war man der Lösung kein Stück näher gekommen. Man ging mit bleiernen Augen auseinander, nachdem man sich für den nächsten Abend zu einer weiteren Krisensitzung verabredet hatte.

Obwohl auch an diesem Tag wieder die Sonne vom blauen Himmel lachte und die Berge sogar noch herrlicher da standen als auf den Bildern im Reiseprospekt, hatte kaum einer der Einheimischen und auch der wegen des fehlenden Urlaubsschlafs etwas mürrisch einhergehenden Sommerfrischlern einen Blick für die Schönheit der Natur. Die Stimmung bei allen war äußerst gereizt.

Das spürte auch der Bürgermeister, als sich der ehrenwerte Rat der Gemeinde am Abend wieder traf. Jeder in der Versammlung wusste von Bemerkungen und deutlichen Drohungen der Sommergäste zu berichten, und der Waldbauer Toni konnte sogar mitteilen, dass sein Feriengast wegen der nächtlichen Vorfälle zwei Tage früher abgereist sei, als er eigentlich vorgehabt hatte.

Je mehr Vorschläge gemacht, je mehr Forderungen nach sofortiger Lösung an den Bürgermeister gerichtet wurden, desto größer wurde die Erregung. Und angesichts des drohenden wirtschaftlichen Schadens wurde jede Parteidisziplin über Bord geworfen und bei allen Teilnehmern der Versammlung herrschte die Devise vor: Rette sich wer kann.

In diese von einer gewissen Weltuntergangsstimmung beherrschte Versammlung platzte plötzlich die Nachricht, dass es schon wieder eine Froschinvasion gäbe. Der Zug der Reptilien sei zwar bei weitem nicht so groß wie an den Vortagen, doch reiche er aus, um die Leute im Dorf zu wecken.

Angeführt vom Bürgermeister begab sich die Versammlung sofort vor Ort und besah sich die Bescherung.

Einige Dutzend von ihrer Erkundungstour zur anderen Weiherhälfte zurückkehrende Frösche, die Pfadfinder sozusagen, sprangen laut quakend über den Marktplatz und verschwanden im hohen Gras einer angrenzenden Wiese, noch ehe einer der finstergesichtigen Beobachter das von einigen Rufern geforderte 'Totschlagen' ausführen konnte.

Nun war es aber genug! Sollte man sich denn jede Nacht von den Fröschen stören lassen müssen? Das Maß war voll! Der Bürgermeister solle endlich etwas unternehmen oder man müsse jemand anderen wählen, der seiner Aufgabe besser gewachsen sei!
Das waren für einen Politiker äußerst alarmierende Ausrufe! In der fortgesetzten Ratssitzung verlangte der Bürgermeister, dem endlich die rettende Idee gekommen war, wie er von sich ablenken konnte, vom eilends herbeigeholten Leiter des Gartenbauamtes einen Vorschlag zur Lösung des Problems.
Diesem sogenannten 'Fachbeamten' konnte man ja notfalls den „Schwarzen Peter" in die Schuhe schieben!
Der so plötzlich in ungewohnter Verantwortung stehende Beamte zermarterte sich sein Gehirn auf der Suche nach einer Antwort, die vielleicht eine mögliche Lösung andeutete, ohne sich zu weit vorzuwagen. Und weil er sich immer über die ungeheuren Müllberge ärgerte, die seit dem Bau der neuen Straße von seinen Leuten beseitigt werden mussten, stieß er auf die immer drohender klingende Wiederholung der Frage nach dem Grund für die Froschinvasion die Worte hervor: „Die Straße!".

Mit einemmal war es totenstill in der Versammlung, jede Unterhaltung erstarb und alle Ratsherren starrten ihn an, sodass der Beamte erschrak. Hatte er sich zu weit vorgewagt? Hatte er eine Unvorsichtigkeit begangen, die seine Laufbahn gefährden konnte?

Schweißperlen traten auf seine Stirn und seine Handflächen wurden feucht. Er hatte sich schon mit einer scharfen Zurechtweisung abgefunden, als plötzlich ein sehr angesehenes und von vielen geschätztes Mitglied der „Regierungspartei" und gleichzeitig der reichste Bauer in der ganzen Gegend ihm beipflichtete.

Der junge Mann habe Recht, ließ er sich hören. Der Unfug mit der neuen Straße habe dem Dorf bisher nur Ärger eingebracht. Man sei seines Lebens nicht mehr sicher, wenn man die Straße überqueren wolle und vielleicht räche sich ja die Natur auf ihre Weise.

Der junge Beamte horchte auf. Er ergriff die Gunst der Stunde und erzählte von den Verschmutzungen der an die Straße angrenzenden Felder und auch der Wasserflächen. Und ohne dass er richtig überlegt hatte, was er eigentlich sagte, versuchte er zum Abschluss seiner Ausführungen noch mit einem

Witz die „dicke Luft" im Ratssaal etwas zu entspannen. Vielleicht wollten sich die Frösche nur gegenseitig besuchen, meinte er. Der Weiher sei ja seit dem Bau der Strasse in zwei Teile geteilt!

Das waren endlich eine einleuchtende Begründung für das Problem und eine griffige Formulierung, das merkte er an der Reaktion der Versammlung.

Plötzlich war die sogenannte 'Naturschutzfraktion' hellwach, bot sich hier doch eine Gelegenheit, sich gegen die anderen Parteien zu profilieren. Man habe ja schon immer etwas gegen den Moloch „Verkehr" gehabt, und man werde nicht zulassen, dass die Natur noch weiter gefährdet werde!

Sie redeten sich so sehr in Begeisterung, schwangen sich zu „Rettern der hilfebedürftigen Kreatur" auf, dass sie darüber ganz vergaßen, dass auch sie fleißig investiert hatten in den „Fortschritt durch Tourismus". Keiner war mehr bereit ihren glühenden Reden zu glauben als sie selber, und so kam der Gemeinderat nicht umhin, auf den Vorschlag „dieser paar Hanseln", wie man es in den Reihen der Regierungspartei hinter vorgehaltener Hand flüstern hörte, eine Kommission zu berufen, die nach Lösungsmöglichkeiten suchen sollte.

Von dem ganzen Wirbel wusste natürlich Agathe nichts. Voller Sehnsucht saß sie auf ihrem Lieblings-Seerosenblatt und dachte an ihren Liebsten am anderen Ende der Welt. Je sehnsüchtiger sie wurde, desto klarer wurde es ihr, dass sie unbedingt wieder los musste, um ihn zu sehen. Sie war sich sicher, dass sich eine Anzahl von Reisegefährten finden würde, denn sie hatte beobachtet, dass sich bei ihrem letzten Besuch noch mehrere Paare nähergekommen waren.

Ihr Entschluss stand fest. Als es zu dämmern begann, quakte sie lautstark ihre Frage, ob sie jemand zum anderen Weiher begleiten wolle, in die frische Abendluft. Im Nu war eine größere Zahl ihrer Freunde um sie versammelt, und ein beachtlicher Zug setzte sich bald darauf in Bewegung.

Auch in dieser Nacht gab es für die Bewohner des Dorfes kein Durchschlafen. Das nächtliche Gequake rief die frisch eingesetzte 'Expertenkommission' auf den Plan und eifrig gingen diese „sachkundigen Bürger" daran, sich sachkundig zu machen, den ganzen Vorgang genauestens zu beobachten und sich eifrig Notizen zu machen.

Immerhin hatte einer dieser Beauftragten bemerkt, dass an diesem Abend der Strom der Frösche aus der gleichen Richtung gekommen war wie am Abend vorher und aus der entgegen gesetzten wie am Tag davor. Was man daraus aber zu folgern hätte, ließ er wohlweislich unbeantwortet. Man werde zu gegebener Zeit schon eine Lösung bekannt geben, hörte man in der so typisch gestelzten Formulierung der Politiker.

Agathe und ihre Freunde setzten während dessen unbekümmert ob der ganzen Aufregung im Dorf ihren Weg fort. Sie hatten zwar die Unruhe unter den Zweibeinern mitbekommen, doch was scherte sie die Aufregung dieser Lebewesen, die sich auf ihren langen Stelzenbeinen so komisch fortbewegten. Noch nicht einmal richtig quaken konnten sie, sondern stießen zur Verständigung irgendwelche komischen Laute aus.

Die ersten neugierigen Sonnenstrahlen, die über den Horizont lugten, sahen an diesem Morgen am Weiher keine laute, vor Begeisterung überschäumende Freude, wie es noch beim ersten Besuch gewesen war, sondern eine innigere und zärtlichere, deren „Begleitgeräusche" durch den Morgennebel, der in dichten Schwaden über dem Wasser lag, schnell verschluckt wurde.

In der Nacht wurden die Bewohner des Dorfes wieder in ihrem Schlaf gestört, als Agathe und ihre Freunde zurückhüpften und so ging es beim versprochenen Gegenbesuch und beim nächsten Besuch und immer so weiter.

Die Menschen im Dorf waren ob der dauernden Schlafstörungen tagsüber äußerst gereizt und selbst in den Reihen der Naturschützer wurden die Rufe nach einer 'Endlösung' lauter. Zuschütten solle man die beiden Weiherteile, dann sei der Spuk endlich vorbei.

Dass Agathe und ihre Freunde letztendlich doch nicht vernichtet wurden, hatten sie den Kindern einiger Ratsherrn zu verdanken, die nicht auf ihr Schwimmvergnügen im Sommer und das Eishockey spielen auf dem zugefrorenen Weiher im Winter verzichten wollten. Sie hatten sich über alle Parteigrenzen hinweg zusammengetan und überraschten ihre Väter mit Plakaten und Transparenten, auf denen die Forderungen der Jugend deutlich zu lesen waren, dass man die Finger von den Weihern lassen solle, als sie am

Abend der Abstimmung über das Schicksal der Weiherteile zum Rathaus kamen.
Und die Jugendlichen hatten auch einen Lösungsvorschlag parat, der die Erwachsenen sichtlich verblüffte. Als man ihre Abgesandten des lieben Familienfriedens willen in den Ratssaal vorließ, schlugen die vor, man solle, wie es wie selbstverständlich geschah, um die Rindviecher von einer Weide zur anderen zu treiben, auch für die Frösche einen „Tunnel" durch den Damm der neuen Straße bauen!
Die Erwachsenen waren sprachlos. Von einem Froschtunnel hatten sie noch nie etwas gehört. Ging das denn überhaupt? Würde das denn nicht viel zu teuer? Lange wogte die Diskussion hin und her und die „Zuschüttfraktion" schien ob ihres einzigen, dafür aber umso schwerwiegenderen Arguments, dass ihr Verfahren sehr billig sei, den Sieg davon zu tragen.
Erst als sich der reiche Bauer, der schon einmal auf die negativen Folgeerscheinungen durch die neue Straße hingewiesen hatte, für die Errichtung des Froschtunnels aussprach, bröckelte diese Front langsam ab und die politisch „Beweglichsten" in der Versammlung, die man nachher immer die „Besonnenen" nennt, bekamen die Oberhand.

Man müsse doch zuerst einmal durchkalkulieren, ob der Froschtunnel wirklich so viel teurer sei! Man könne ja dann immer noch das Zuschütten beschließen! Jetzt käme es auf eine oder zwei Nächte mit Froschgequake auch nicht mehr an!

Der Bürgermeister, der sich mit bauernschlauem Gespür für die veränderte Stimmungslage nach langem Schweigen nun äußerte, wies sogar auf die mögliche Vorreiterrolle mit diesem Projekt im ganzen Bezirk, ja vielleicht im ganzen Land hin und malte schon die Vision der reichlich fließenden Landesmittel und natürlich der Werbewirksamkeit hin.

Das zog! Ihr Dorf würde mit dem Prädikat "Besonders umweltfreundlich" werben können und würde damit anderen Orten gegenüber einen nicht unerheblichen „Imagevorsprung" erwirtschaften.

Der örtliche Bauunternehmer, rein zufällig auch Vorsitzender des Bau- und Vergabeausschusses, regte an, möglichst schnell - und das könne in wenigen Stunden erarbeitet werden - eine Kostenanalyse zu erstellen. Er erklärte so ganz nebenbei, dass sein Schwager, der eine Kanalbaufirma betrieb, über die entsprechenden Maschinen verfüge, sodass der Auftrag, würde er schnellstmöglich erteilt, auch schnell ausgeführt werden könnte, dafür würde er schon sorgen.

Die Zustimmung aller Ratsmitglieder war nur noch Formsache.

In Windeseile begab sich die ganze Belegschaft der Baufirma des Herrn Gemeinderats am nächsten Tag an die Kostenberechnung. Die Größe eines mittleren Abwasserrohrs wurde als ausreichend angenommen und nach der Addition einer üppigen Gewinnspanne, die im offiziellen Kostenvoranschlag natürlich getarnt werden würde, ermittelte man zwar einen ansehnlichen, aber doch für den Gemeindesäckel verkraftbaren Betrag.

Die Vergabe des Auftrags war nach dem Engagement, das der Vorsitzende des Bauausschusses gezeigt hatte, natürlich schnell über die Bühne gebracht, und da selbst vom Dezernenten der Bezirksregierung in der Tat Mittel aus dem „Topf für Innovationen" in Aussicht gestellt wurden, wenn die Gemeinde zuerst in Vorleistung trete, stand dem Baubeginn nichts mehr im Weg.

Agathe und ihre Freunde wurden dann auch eines schönen Morgens unsanft aus ihrem Schlaf gerissen, als beim ersten Morgengrauen die Maschinen zum Weiher vorrückten. Es herrschte an dem sonst immer so stillen Wasser eine nie gesehene Betriebsamkeit und ein Kommen und Gehen, dass sich die Frösche kaum an die Wasseroberfläche trauten.

Einige sehr neugierige Frösche, natürlich unter der Führung von Agathe, die einmal nach dem Rechten sehen wollten, begaben sich im Laufe des Tages trotz des Höllenlärms der Baumaschinen und der Lkws auf den Feldweg, der vom Dorf zum Weiher führte und den sie von Ihren nächtlichen Ausflügen her sehr genau kannten.

Wie hatte sich hier alles verändert! Kein Grashalm war mehr zu sehen, der ganze Wegrain war verschwunden und stattdessen gab es nur noch tief ausgefahrene LKW-Spuren. Einige Frösche wurden von einem dieser vierrädrigen Ungetüme überfahren, bis auch hier wieder von Kindern die rettende Idee kam.

Aus der Menge der neugierigen Zuschauer rannten plötzlich mehrere Kinder auf den Weg, sie sammelten die Frösche auf und trugen sie unter dem Beifall aller Anwesenden und natürlich der örtlichen Presse, die in Gestalt des Dorffotografen vertreten war, zum Weiher zurück, damit ihnen nichts passiere.

Die Bauarbeiten gingen zügig voran und bald schon kam es zum Durchstich zur anderen Seite.

Agathe begriff als Erste, dass dieses schwarze Loch im Damm eine Verbindung mit dem Weiherteil auf der anderen Seite haben müsse, denn sie hatte ohne jeden Zweifel durch die Röhre das Quaken ihrer Genossen gehört. Sie wagte sich natürlich dann auch als Erste durch die dünne Röhre, in der höchstens drei Frösche nebeneinander hüpfen konnten, und war so im Nu, ohne die beschwerliche und zunehmend gefährlicher werdende Durchquerung des Dorfes, bei ihrem Freund.

Andere Bewohner des Teiches, die den neuen Errungenschaften weniger trauten, begaben sich wieder auf den gewohnten Weg, wurden jedoch nach wenigen Sprüngen von einer neuartigen Barriere aufgehalten. Eine grüne Wand aus einem noch nie gefühlten, sehr glatten Material versperrte ihnen den Weg. Diese Barriere war zu hoch zum Überspringen, und so mussten sie wohl oder übel umkehren. Nach gutem Zureden der Mutigeren, die den neuen Durchgang in einer Nacht gleich mehrmals ausprobiert hatten, hüpften auch sie schließlich, wenn auch sehr vorsichtig und jederzeit auf das Schlimmste gefasst, durch den Tunnel.

War das jetzt ein Leben! Man musste keine gefahrvollen Expeditionen ins Unbekannte mehr auf sich nehmen um die Liebsten zu sehen, und endlich konnten auch die für die früheren Unternehmungen schon zu schwachen Mitbewohner der beiden Teichhälften ihre Verwandten besuchen.

Agathe aber war glücklich und sehr mit sich zufrieden, dass sie, getrieben von ihrer Sehnsucht und mit der angeborenen Sturheit, die Lösung ihres Problems und das vieler anderer herbeigezwungen hatte.

Die in dem kleinen Dorf aus der Not geborene Idee des Froschtunnels hat sich allgemein durchgesetzt und auch die grünen Schutzzäune aus Kunststoff, die Frösche daran hindern sollen, an jeder beliebigen Stelle eine Straße zu überqueren und sich damit in Lebensgefahr zu bringen, können an vielen Straßen beobachtet werden.

Agathe, die bald darauf ihren Liebsten heiratete und, wie es bei Fröschen üblich ist, viele Kinder zur Welt brachte, hat also mit ihrer Verliebtheit der Gattung der Frösche einen unschätzbaren Dienst erwiesen und sie geht sicher als Heldin in die Geschichte ihres Volkes ein.

Im Dorf, dessen Fremdenverkehr durch die „Publicity" um die Rettung der Frösche aufblühte, dachte natürlich keiner daran, einem Frosch ein Denkmal zu setzen. Regierungspartei und Opposition - und hier besonders die Umweltschützer aus beiden Lagern und auch die Unabhängigen - stritten sich um die „Lorbeeren".

Der Bürgermeister ging jetzt immer mit vor Stolz geschwellter Brust sehr aufrecht daher, wenn das ab und zu auch sehr lästig war, denn jedem sollte doch der Verdienstorden auffallen, den er von der Landesregierung ob seiner Verdienste in der Landschaftspflege verliehen bekommen hatte.

„Ja, ja", sagte er bei jeder passenden und auch unpassenden Gelegenheit, „gute Ideen und energisches Durchsetzungsvermögen machen eben den erfolgreichen Politiker aus!"

Hier kann dem Mann nicht widersprochen werden, oder?

Die Spinne „Jonathan"

*

Ganz in der Nähe eines kleinen Häuschens am Waldrand, in dem ein Waldbauer mit Frau und zwei Kindern sehr zurückgezogen lebte, hatte die Spinne Jonathan zwischen Stamm und den unteren Ästen einer mächtigen Fichte und einem großen Busch ihr Netz gespannt.
Nun, Jonathan war, wie der Name schon sagt, natürlich ein Spinnenmann. Er war ein erfahrener Jäger und Fallensteller, dem schon mancher Wind um die Nase geweht war und der schon manches Wetter überstanden hatte. Sein Netz war stark gebaut und befand sich in bevorzugter Lage genau an der Stelle, an der die Sonnenstrahlen auf den herrlichen Fleck Wiese fielen, über dem die sonnenhungrigen Mücken ihre Tänze aufzuführen pflegten.
Das war für Jonathan natürlich immer ein Festtag. Und weil die Mücken, wohl die Kürze

des Lebens bedenkend, oft diesem Tanzvergnügen frönten, verfingen sich auch fast täglich die Unerfahrensten des Mückengeschwaders in Jonathans Netz.

Dies bescherte ihm so reichlich Nahrung, dass er eine regelrechte Vorratswirtschaft betreiben und die Beute, die er nicht sofort verspeiste, fein säuberlich einweben konnte, um sie zur späteren Verwendung im Netz lufttrocknen zu lassen.

Jonathan war sehr stark und auch die dickste Fliege, die flatterigste Motte, der größte Schmetterling hatten keine Chance zu entkommen, wenn sie einmal in sein Netz geraten waren.

Jonathan stammte aus einer sehr alten und sehr vornehmen Familie, er gehörte sozusagen zum alten Adel. Somit war er berechtigt, das weiße Kreuz auf seinem breiten Rücken zu tragen, und er tat dies mit vollendeter Würde.

Er hielt sich fern von diesen Artgenossen mit den lächerlich wirkenden langen Beinen und dem immer unterernährt aussehenden dünnen Leib. Mit diesen Hungerleidern hatte er nichts gemein, denn schon alleine ihr Name ´Weberknechte´ ließ erkennen, dass sie von niedrigem Stand waren. Auch nicht mit diesem

Bettelpack der Hausspinnen, die gezwungen waren, mit ihrer Brut in Ritzen und hinter staubigen Schränken oder in muffigen Kellern dahin zu vegetieren, wollte er nichts zu tun haben.

Er, der Spinnenmann Jonathan, Herr vom weißen Kreuz, lebte in seinem eigenen Reich, das mindestens drei Fichten und einen herrlichen, schon halb verfaulten Eichenstumpf umfasste. Kein Artgenosse wagte in dieses Reich einzudringen oder etwa gar ihm dieses streitig zu machen. Jonathan saß meistens unbeweglich auf dem sonnigsten Fleckchen seines Netzes, ließ sich beschaulich den Rücken von der Sonne wärmen und kannte überhaupt keine Hast, wie diese niederen Kasten der Spinnengattung, die unermüdlich herumsausen mussten, um etwas Essbares aufzutreiben. Sie lebten von Resten, die andere Tiere hinterlassen hatten, und manche mussten sogar dem Staub und dem Dreck Essbares abringen. Für diese Kümmerlinge war es schon ein Fest, wenn sich in ihren armseligen Netzen vielleicht eine kleine Fliege verfing oder gar einmal ein lahmer Käfer. Doch das passierte selten genug, weil diese dünnen Gespinste wegen der Unterernährung der Baumeister bei jedem kleinsten Windhauch zerrissen. Manche dieser armseligen Artgenossen konnten sogar noch nicht einmal ein Netz bauen und fraßen im wahrsten Sinne des Wortes Dreck.

Jonathan verdankte es seiner vornehmen Abstammung, dass er, wie sein Vater und schon dessen Vater, hier an diesem herrlich einträglichen Platz nach eigenem Belieben bauen und sich, wenn ihn die Arbeitswut packte, auch ungehindert ausdehnen konnte.

Es war wie überall: Wer mehr hat, als er benötigt, der ist sehr angesehen in der Welt. Dieses Ansehen zahlt sich wiederum aus, denn er bekommt noch mehr von dem, was er eigentlich gar nicht mehr braucht. Dies wiederum steigert sein Ansehen noch mehr usw., usw.

Jonathan scherte dieser Kram aber nur wenig, er war sowieso keine gesellige Natur. Selten lud er einmal zu einer Jagdgesellschaft ein und noch seltener nahm er Einladungen nach Außerhalb an. Warum sollte er sich freiwillig öfter als unbedingt nötig nichtsnutzige Fresser auf den Hals holen, die eventuell noch Gefallen an seinem herrlichen Sonnenplatz finden könnten? Dies hätte ihm nur die Anstrengung eingebracht, sie wieder vertreiben zu müssen.

Und was er bei Besuchen in anderen Netzen an Kurzweil und an Essen geboten bekam, das hatte er hier selber doch im Überfluss. Warum sollte er sich also der Mühe des Reisens unterziehen, wenn nichts dabei heraus kam? Und noch ein Argument sprach dagegen, sein Reich zu verlassen. Seine Netze könnten ja in der Zwischenzeit etwa von großen Tieren, die sich durch das Gebüsch gedrängt hatten, beschädigt werden und er wäre dann zur Schadensbegrenzung nicht da. Vielleicht kämen auch diese wilden Menschenkinder wieder einmal auf die Idee, mit Stöcken und Ästen seine Netze herunterzufetzen, wie sie es schon einmal getan hatten. Wenn er daran dachte, fuhr ihm wieder der Schreck in die Glieder und jedes Mal, wenn die Menschenkinder aus dem kleinen Häuschen in seine Richtung tobten, hielt er den Atem an, ob sie sich noch an die Lektion erinnerten, die sie damals wegen der Zerstörung seines Netzes von der Menschenfrau bekommen hatten.

Doch sie rannten jetzt immer an dem kleinen Dickicht vorbei und ließen sein Reich unberührt. Sie waren eben Landkinder, die den Sinn hinter den Einrichtungen der Natur erkannten und verstanden, wenn sie einmal darauf hingewiesen worden waren. Und die Menschenfrau hatte ihnen eindringlich die Nützlichkeit der Spinnen für die Reduzierung der Fliegen- und Mückenplage eingetrichtert.

Jonathan neigte sonst nicht zu Gefühlsausbrüchen, doch die Menschen in dem kleinen Häuschen mochte er. Sie achteten die Natur, liebten die Tiere und versuchten, ihnen möglichst nichts zuleide zu tun. Dass sie ab und zu eines dieser dummen Hühner schlachteten, die in einem Käfig hinter dem Schuppen gehalten wurden und mit ihrem dummen Gackern die ganze heilige Ruhe der Natur störten, das konnte er akzeptieren. Auch wenn eines der ohrenbetäubend quiekenden, vor Dreck starrenden Borstenviecher verschwand, so war das auch in Ordnung. Beides waren in seinen Augen überflüssige Störenfriede und wurden ja von den Zweibeinern auch nur als Essens-vorräte gehalten. Und weil er die Menschen aus dem kleinen Häuschen mochte, deshalb unternahm er auch nichts, um sie zu vertreiben. Es hätte für ihn da sicher einige Möglichkeiten gegeben. Er hätte zum Beispiel einen Nichtangriffspakt mit den Bienen, den Wespen und den Hornissen schließen können. Der hätte beinhalten können, dass diese

Flieger immer wieder mit ihren Geschwadern überfallartige Angriffe auf die Menschen und besonders deren Kinder fliegen müssten. Dafür wurden sie von ihm, dem Herrn der großen Fangnetze, verschont, würden sogar im Ernstfall aus seinen Netzen sogar wieder befreit.

Es gäbe noch mehr Möglichkeiten für einen stolzen Spinnenmann wie ihn, doch war es müßig, sich darüber den Kopf zu zerbrechen. Er hatte die Gegenwart der Zweibeiner in der Nähe seines Reiches akzeptiert.

Im Übrigen waren diese Zweibeiner ja wirklich bedauernswerte Wesen mit ihrer merkwürdig verkrüppelten Körperhaltung. Was konnte sinnvoll daran sein, aufrecht auf zwei Hinterläufen zu gehen? So konnte man sich doch einfach nicht vernünftig fortbewegen! Und dann diese unterentwickelten Vorderläufe! Sie waren nicht einmal zum Laufen zu gebrauchen! Und wenn man beobachtete, mit welch schwachsinniger Ungeschicklichkeit diese Zweibeiner versuchten, Fliegen und Mücken zu fangen, dann musste man nur staunen, dass die ganze Gattung nicht schon lange ausgestorben war.

Für ihn, den tapferen Jäger und vornehmen Ritter vom Kreuz, bedeuteten sie in ihrer offensichtlichen Unvollkommenheit absolut keine Konkurrenz!

Vielleicht war ja Jonathan in seiner Meinung über die Gattung der Zweibeiner etwas voreingenommen oder gar hochmütig. Für ihn stand jedenfalls unumstößlich fest, dass man sich mit weniger als acht Beinen nicht elegant fortbewegen konnte. Was waren da schon diese vier unbeholfenen Extremitäten der Zweibeiner?

Eines Tages lief Jonathan wieder einmal einen seiner starken, selbst gesponnenen Fäden entlang, die zu den entfernten Fangplätzen auf der Rückseite der Fichten führten. Wie nicht anders zu erwarten gewesen war, hatte er auch hier fette Beute gemacht. Er verwob sie schnell zu Vorratskokons für den späteren Verzehr und wollte sich gerade wieder auf den Rückweg machen, als er etwas Merkwürdiges sah. Hinter seinem Gebüsch standen zwei fremde Menschen. Sie gehörten nicht zu den Zweibeinern des kleinen Häuschens, die hätte er sofort erkannt. Nein, das waren Fremde!

Seine erste Sorge galt natürlich seinem Netz und den Verbindungsfäden und ob sie wohl zerstört werden würden? Doch die Fremdlinge dachten nicht daran, in das dichte Gestrüpp einzudringen. Doch was hatten sie sonst vor? Und wieso gingen diese Zweibeiner so merkwürdig? Er kannte das freudig-übermütige Hopsen der Menschenkinder, das graziöse Gehen der Menschenfrau, das beinahe einem Schweben glich, und das energische Stampfen des Menschenmannes.

Doch dieses vorsichtige Trippeln, sodass man kaum etwas hören konnte, und vor allem die Art, wie sich die Fremdlinge in gebückter Haltung dicht an den Büschen vorbeidrückten, waren eigenartig. Das kannte Jonathan von den Menschen nicht, war also verdächtig.

Jonathan beobachtete die beiden Verdächtigen genau.

Am Ende des Gebüschs, da wo die Lichtung begann, auf der das kleine Haus stand, legten sich die Schleicher plötzlich auf den Boden und machten sich ganz flach, damit sie nicht gesehen werden konnten.

Jetzt kannte sich Jonathan plötzlich aus. Das war eindeutig das Verhalten bei der Jagd. Beim

Belauern der Beute machte auch er sich immer ganz klein und möglichst unsichtbar.

Doch was sollte das heißen? Wen jagten denn die beiden Fremden? Wollten sie etwa einen seiner Schützlinge aus dem kleinen Häuschen fangen?

Die beiden vermeintlichen Jäger lagen flach nebeneinander im Gras und rührten sich kaum. Nur ab und zu steckte der erste dem zweiten Gauner seine Futteröffnung in die Hörmuschel und stieß merkwürdig leise Zischlaute aus, woraufhin sich der Vorgang umkehrte und der Zweite den Ersten anzischte. Dann lagen beide wieder still. Nach einer Weile dachte Jonathan bei sich, dass diese Kümmerlinge aber keine guten Jäger sein könnten. Schon mehrmals waren die Menschenfrischlinge aus dem Haus getollt, über die Wiese gesprungen, hatten sich um eine bunte dicke Gummikugel gestritten und waren wieder im Haus verschwunden.

Auch die Menschenfrau war mit einem großen Gefäß draußen erschienen, um aus dem Brunnen Wasser zu schöpfen, und auch der Menschenmann hatte sich schon sehen lassen, als er vom großen Stapel neben der Scheune einen Arm voll Holz in die Hütte getragen hatte.

Doch bei keiner dieser günstigen Fanggelegenheiten hatten die beiden Jäger zugegriffen. Ganz im Gegenteil hatten sie sich noch flacher gemacht und den Atem angehalten, um auch ja nicht das kleinste Geräusch zu machen. Was wollten die beiden nur? Die Sonne kuschelte sich schon in das weiche Federbett einer dicken Abendwolke ganz am Ende ihrer Tagesbahn. Ihre Strahlen nahm sie mit unter die weiche Decke, so dass es schon zu dämmern begann.

Nun plötzlich krochen die Fremdlinge ganz vorsichtig los, aber nicht zum Wohnhaus, sondern zum Hühnerhaus hin.

Jetzt begriff Jonathan endlich: Die Strolche wollten den Gackerviechern zuleibe rücken! Nun, das war ja nicht schlimm, damit würde wieder etwas mehr Ruhe in sein Reich einkehren! Er wollte sich schon zurückziehen, weil ja die Zweibeiner selber nicht in Gefahr waren, da fiel sein Blick auf einen seiner Vorratskokons.

Blitzartig wurde ihm klar, dass diese Gackerviecher für die Zweibeiner wohl das gleiche waren, wie für ihn seine Kokons, nämlich dringend notwendige Essens-vorräte. Er musste also doch eingreifen, um diesen

Diebstahl zu verhindern! Aber wie sollte er das anstellen?

Schnell überlegte er, ob er die Giftblase in seinem Körper einsetzen und die beiden Räuber beißen sollte. Er kam jedoch zu dem Schluss, dass die Reaktion auf seinen Biss bei den riesigen Zweibeinern zu lange auf sich warten lassen würde. Ja, bei Mücken, Fliegen, Motten, Käfern da wirkte das Serum augenblicklich. Doch bei diesen Riesen dauerte der Blutumlauf zu lange. Bevor die Gangster noch etwas merken würden, wären sie mit ihrer Beute schon über alle Berge. Doch was sollte er tun? Jetzt zum ersten Mal war er sich seiner den riesigen Zweibeinern gegenüber unterlegenen Körperkraft bewusst. Er konnte leider nicht einfach hingehen und diese Ganoven durch Tritte mit seinen acht Beinen in die Flucht schlagen, wie er das hervorragend bei einem Rivalen seiner eigenen Gattung verstand.

Hier konnte nur der überlegene Geist siegen! In Windeseile rannte Jonathan über den dicken Spinnfaden, den er vom Hauptnetz zum Hühnerhaus gesponnen hatte, kroch über das kurze Dach und war auf diesem Wege noch vor den vorsichtig und langsam krabbelnden Zweibeinern am Häuschen des Gackerviehs.

Hier hing, das wusste Jonathan zur Genüge, von einem Balken herab eine alte Glocke, die die Menschenkinder aus Übermut beim Spiel ständig anschlugen. Jonathan war dadurch schon oft in seiner ‚Mittagssonnenschlafpause' gestört worden und zwar so sehr, dass er am liebsten alle acht Beine auf einmal in seine Ohren gesteckt hätte, um endlich Ruhe zu haben.
Diese Glocke, oder vielmehr deren Klöppel, war jetzt sein Ziel.
Er produzierte im Laufen schnell einen dünnen Faden, klebte diesen an den Klöppel, rannte mehrmals um diesen herum, damit sich der Faden auch gut verklebte und ließ sich dann oben auf die Bretter der leichten Tür ab, wobei er natürlich den Faden hinter sich herzog.
Nun lief er auf dem eigenen Faden wieder zurück zum Klöppel und dann wieder zur Tür, wobei er seinen Faden immer weiter spann, den alten mit dem neuen umwickelte und so den Faden in rasantem Tempo verstärkte.
Die Verbrecher waren nun trotz aller Vorsicht beim Stall angekommen. Sie erhoben sich jetzt auf ihre Hinterläufe. Einer der Wichte stellte sich so, dass er, wenn die Tür von seinem Kumpan

aufgezogen würde, sofort hineinspringen konnte, um das Gackervieh zu greifen.

Jonathan zog sich augenblicklich von der Glocke auf das Dach zurück. Und weil er wusste, was jetzt passieren würde, stopfte er sich seine beiden Vorderläufe in die Ohren.

Der erste Gauner zog nun an der Tür, um sie so weit zu öffnen, dass sein Kumpan hineinschlüpfen könnte.

Dieser hatte sich auch schon sprungbereit geduckt, als plötzlich der dicke Spinnenfaden zerriss, der den Klöppel ein wenig angezogen hatte. Die Eisenstange hämmerte mit fürchterlicher Lautstärke einmal, zweimal, dreimal gegen den Glockenkörper. Jonathan kam es vor, als ob dies das lauteste Scheppern gewesen sei, dass er jemals gehört hatte.

Die Ganoven waren für einen Moment wie erstarrt.

Nun wurde es im Wohnhaus und natürlich auch im Hühnerstall lebendig. Ein mordsmäßiges, vielstimmiges Gackern des Federviehs hob an, sodass Jonathan sich gerne ein zweites Paar seiner Läufe in die Ohren gesteckt hätte. Im Wohnhaus ging jetzt das Licht an, und dann stürzte der stämmige Menschenmann mit einem dicken Knüppel in der Hand herbei.

Die Diebe hatten sich mittlerweile etwas von ihrem Schrecken erholt, nahmen ihre Beine in die Hand und gaben Fersengeld, als wäre der Leibhaftige hinter ihnen her.

Es wäre den armseligen Wichten schlecht ergangen, hätte sie nicht die Dunkelheit zwischen den nahen Bäumen des Waldes gerettet.

Eine Verfolgung war zwecklos, das merkte der Hausherr bald und so trollte sich der Wüterich zu seinem Haus zurück, um sich den Schaden anzusehen.

Als er jedoch die Lichtung betrat, konnten ihm die Frau und die Frischlinge schon berichten, dass nichts gestohlen worden war.

Er besah sich nun die Tür und natürlich auch die alte Glocke, um zu ergründen, was den Alarm ausgelöst haben könnte. Er kam jedoch zu keiner Lösung.

Waren etwa die tollpatschigen Kerle so dämlich gewesen, mit dem Kopf gegen die Glocke zu stoßen, bevor sie durch die Tür schlichen? Doch dafür hing die Glocke eigentlich zu hoch! Er griff zum Klöppel und bemerkte den feinen Spinnenfaden, der daran herunterhing. Für einen Augenblick schaute er zum Spinnennetz hin und schien etwas zu überlegen. Er schüttelte dann aber den Kopf und wandte sich ab.

„Gott sei Dank!", dachte Jonathan. „der Zweibeiner ist zu dämlich, die Wahrheit zu erkennen und einer Spinne diese Rettungstat zuzutrauen. Bei den Menschenkindern wäre das anders gewesen. Die sind der Natur und ihren wunderbaren Möglichkeiten noch viel näher. Die wären sicher auf die richtige Lösung gekommen."

Jonathan war froh darüber, dass der Erwachsene die naheliegende Lösung nicht wahrhaben wollte. Es wäre dann womöglich zu Dankbezeugungen gekommen! Bei diesen tollpatschigen Zweibeinern konnte das äußerst gefährlich sein, denn die wären glatt noch auf die Idee gekommen, ihn streicheln zu wollen und hätten ihn oder gar sein kunstvolles Netz dadurch vielleicht sogar verletzt!

Amüsiert schaute Jonathan noch einen Augenblick zu, wie der Zweibeiner ein dickes Tau um den Klöppel der alten Glocke band und das andere Ende des Seils an der Tür befestigte. Der Mensch hatte also etwas gelernt, das beruhigte Jonathan sehr. Vergnügt trollte er sich schließlich von dannen, suchte sich ein besonders bequemes Plätzchen in seinem Netz und legte sich zurück, um sich von den Aufregungen zu erholen.

Bevor er einschlief, dachte er noch, dass die Menschen doch wirklich dumme Geschöpfe sein müssten oder aber sehr überheblich. Entweder merkten sie wirklich nicht, wie oft ihnen Tiere zu überleben halfen und so die offensichtlichen Missbildungen der Zweibeiner nicht auffielen, oder aber sie wollten es einfach nicht wahrhaben.

Hand aufs Herz, liebe Mit-Zweibeiner, wer von uns gibt auch wohl gerne zu, dass er nicht selten recht hilflos Problemen gegenübersteht, die für Tiere überhaupt keine Probleme sind und die diese täglich meistern, ohne zu murren und ohne zu klagen?

Die Ente „La Quak"

*

Endlich schien die Sonne wieder nach all den Tagen mit sintflutartigem Regen, der teilweise so heftig war, dass sogar die Frösche unter den Blättern der Seerosen Schutz suchten vor dem Trommelfeuer der schweren Tropfen.
Auch die Enten waren froh, dass sich das Wetter geändert hatte. Nicht dass sie der Regen gestört hätte beim Schwimmen, dafür talgten sie ihr Gefieder viel zu sorgfältig, sie waren deshalb froh, weil jetzt wieder Menschen aus ihren Häusern an den See kamen und sie mit den herrlichen Brotstückchen fütterten. Die Gaben waren diesmal besonders üppig, es hatte sich wohl während der trüben Tage recht viel angesammelt.
Mit besonders lautem und fröhlichem Gequake begrüßten die Enten die Kinder des Dorfes, die jetzt wieder zum Wasser getobt kamen, und ihr

frisches und fröhliches Juchzen klang ähnlich wie das helle Quaken der jungen Enten, die sich über das nun wieder erwachende fröhliche Leben freuten.

Besonders froh war die Ente „La Quak", die mit ihrem herrlichen blauen und weißen Gefieder eine herausragende Stellung unter den Enten einnahm. Und weil sie so auffallend anders aussah, bekam sie von den Menschen oft Extrabrocken zugeworfen.

Besonders von einem schlaksigen, blonden Jungen wurde sie immer verwöhnt. Er suchte als Erstes den See ab, wenn er zum Wasser kam und ging dann genau dorthin wo „La Quak" schwamm.

Es dauerte nicht lange an diesem herrlichen Sonnentag, dann sprang das erste Menschenkind übermütig ins Wasser, nachdem es sich schnell Hemd und Hose ausgezogen hatte. Eine Badehose hatte man ja vorsichtshalber immer an.

Die anderen folgten bald. Man planschte herum, bespritzte sich und war sehr ausgelassen.

Die Enten zogen sich ein wenig zurück, denn das Herumtoben der Kinder konnte für sie gefährlich werden.

Auch der blonde Junge war ins Wasser gesprungen, hatte aber bald das Interesse am Spritzen und Untertauchen, am Schreien und Toben verloren und hatte begonnen, ruhig seine Bahnen zu ziehen.
Wie schon oft war er auch heute wieder in die Nähe der Enten geschwommen und „La Quak", die ihn genau kannte, schwamm vor ihm her.
Zum Spaß versuchte er immer wieder sie zu packen. Doch kaum war die Hand aus dem Wasser, machte „La Quak" einige Flügelschläge und hatte wieder einen genügend großen Abstand hergestellt.
  Ohne dass der Junge es bemerkt hatte, waren sie beim Spielen in den Teil des Sees gekommen, dessen Oberfläche voller Seerosen und dessen Ränder dicht mit Schilf bestanden waren.
Dieser Teil des kleinen Gewässers war den Kindern verboten, weil sie hier die Brut verschiedenster Tiere störten, aber besonders weil das Schwimmen hier gefährlich werden konnte.
Zu leicht hatte man sich in den langen Wurzeln der Seerosen verfangen.

Die letzten Schwimmzüge mit spielerischen Fangversuchen hatten beide mitten in den Kranz der Seerosenblätter gebracht.
Der Junge wollte umkehren, wollte weg von der Gefahr, die ihm plötzlich bewusst wurde. Doch statt ganz vorsichtiger Schwimmzüge, trat er kräftig aus, wirbelte das Wasser auf und die dünnen Stängel der Seerosen hin und her und plötzlich merkte er, dass sich mehrere dieser kordeldünnen langen Wurzeln um seine Füße schlangen.
Entsetzt und in aufkommender Panik tat er jetzt genau das Falsche. Er trat noch stärker aus und strampelte mit den Beinen, um wegzukommen.
Doch er konnte die Fesseln nicht abstreifen, im Gegenteil, sie zogen sich immer fester um seine Füße.

Als er merkte, dass er sich nicht mehr lösen konnte, beschlich ihn schreckliche Angst. Sollte er hier, wenige Meter von dem fröhlichen Treiben seiner Spielkameraden entfernt, ertrinken?
Er schrie in seiner Panik um Hilfe, seine Stimme überschlug sich, er versuchte zu winken, doch niemand hörte ihn, weil seine Freunde alle viel zu sehr in ihr albernes Spiel

vertieft waren, herumschrien und lachten und planschten.

Ohne seine Füße bewegen zu können, fiel es ihm zusehends schwerer, mit Schwimmbewegungen über Wasser zu bleiben. Seine Arme wurden schon lahm, er konnte es deutlich spüren.

Was nutzte jetzt der immer wieder gegebene Rat des Schwimmlehrers, wenn die Kräfte erlahmten bei einer weiten Schwimmstrecke, solle man „Toter Mann" spielen, sich also für einen Moment aufs Wasser legen?

Wie sollte er das denn jetzt machen, er kriegte ja seine Füße gar nicht hoch? Sein Kopf war schon mehrmals untergegangen. Er prustete heftig und schlug mit den Armen aufs Wasser.

Zuerst hatte die Ente „La Quak" diese heftigen, wilden Bewegungen des Menschenkindes für ein neues Spiel gehalten.

Sie war bei jedem Schreien und Aufklatschen der Hände auf das Wasser etwas weiter weg geschwommen, hatte sich in Sicherheit gebracht.

Doch allmählich merkte sie, dass das kein Spiel war, sondern dass sich der Junge in ernster Gefahr befand.

Sie schwamm zu ihm, schnatterte ihn an und schwamm wieder weg, wollte ihn mit sich locken.

Und dann wusste sie plötzlich was los war. Sie hatte sich selber schon beim Tauchen in dem Gestrüpp der dünnen Wurzeln verheddert und war auch nur weil sie sich sehr schmal machen konnte herausgeflutscht.

Sie stieß plötzlich ganz merkwürdige Schnatterlaute aus, viel intensiver als sonst. Die Reaktion war verblüffend. Alle Enten und Gänse auf dem Teich drehten sich wie auf Kommando herum und schwammen auf „La Quak" zu.

Kurz vor ihr stoppten sie und wie auf ein gegebenes Kommando tauchten alle unter, schwammen zu den Wurzeln der Seerosen und zupften an ihnen.

Einige alte, erfahrene Enten und Gänse hatten sofort Erfolg. Andere, jüngere, unerfahrene mussten ein zweites und ein drittes Mal tauchen, und die schon Erfolgreichen halfen wieder mit aller Kraft mit.

Und tatsächlich geschah das Wunder.

Der Junge hatte zuerst mit Unverständnis das Verhalten der Tiere beobachtet, doch plötzlich merkte er, dass er seine Beine wieder etwas bewegen, wieder anziehen konnte.

Nun wusste er, was die Tiere gemacht hatten. Mit ihren Schnäbeln hatten sie ganz allmählich durch stetes Zupfen die Wurzeln der Seerosen im Erdreich gelockert. Er half jetzt nach Kräften mit, streckte seine Beine nach unten und zog sie ruckartig wieder an.
Plötzlich spürte er, dass die Fesseln nachgaben und er die Füße wieder frei bewegen konnte.
Sofort schwamm er mit letzter Kraft zum Rand des Sees, kroch auf allen Vieren die Uferböschung hinauf und lag dann völlig erschöpft in der Sonne, heilfroh dem Tod noch einmal entgangen zu sein.
Seine Lebensretterin „La Quak" und ihre gefiederten Artgenossen aber schwammen auf der Jagd nach einem der wunderbaren Brothappen friedlich ihre Bahnen, als ob nichts geschehen wäre.

Das Wildschwein „Willibald"

*

Willibalds Mutter war von Jägern erschossen worden, als Willibald noch ein kleiner Frischling war.
Es hatte fürchterlich geknallt überall im Wald und Willibald hatte sich starr vor Angst in einen flachen Graben gedruckt, nur wenige Schritte von seiner toten Mutter entfernt.
Die Jäger hatten ihn nicht bemerkt und erst lange Stunden nachdem die Grünröcke seine Mutter weggeschafft hatten, wagte es Willibald, den Kopf zu heben und schließlich auf wackeligen Beinen aus dem Unterholz zu taumeln. Er war vor Angst wie betäubt, hatte fürchterlichen Hunger und vermisste seine Mutter ganz schrecklich.
Mit der Schnauze dicht über dem Boden, um ja keine Spur zu verpassen, die seine Mutter und er früher einmal hinterlassen haben könnten,

lief er traurig quiekend auf den Waldwegen und den kleinen Pfaden daher. Er musste etwas gegen den rasenden Hunger tun! Er erinnerte sich, dass er vor einigen Nächten mit seiner Mutter hinter dem Häuschen der Zweibeiner, die am Waldrand lebten, leckere Essensreste gefunden hatte. Dort würde er hoffentlich auch diesmal seinen Hunger stillen können.

Nach einigem Suchen fand er dann auch den Weg zum Waldbauernhaus. Der Hunger zwang ihn dazu, alle Vorsicht außer acht zu lassen, durch das offene Tor hinter das Haus zu schleichen und sich über die Kartoffelschalen und die Gemüseabfälle herzumachen, die auf einen Haufen zusammen geschüttet waren.

Ein Geräusch ließ ihn plötzlich herumfahren. Das große Tor war zugeschlagen! Der Fluchtweg war ihm abgeschnitten! Zuerst hielt er es für einen Zufall. Vielleicht hatte der Wind das Tor bewegt. Damit konnte er sich auch nach dem Essen beschäftigen, sagte er sich, denn mit vollem Bauch kann man ja bekanntlich besser denken! Plötzlich bemerkte er aus den Augenwinkeln, dass neben dem geschlossenen Tor ein Zweibeinerkind stand und zu ihm herübersah. Jetzt wurde ihm klar, dass er gefangen war.

Merkwürdigerweise empfand Willibald keine Angst. Die Haltung des Kindes war recht freundlich, überhaupt nicht bedrohlich und es warf ihm sogar einige leckere Pellkartoffeln zu. Dieser Menschenfrischling wollte ihm sicher nichts Böses, das spürte Willibald sofort.

Besonders als der Zweibeiner, der inzwischen langsam und vorsichtig herangekommen war, ihm seine struppigen Borsten kratzte, fiel die letzte Scheu.

Willibald dachte überhaupt nicht mehr an Flucht. Er trottete seinem neuen Freund hinterher, sogar als dieser das Haus betrat.

Die Menschen staunten nicht schlecht, dass das Wildschwein so zutraulich war. Es fraß sogar aus einem Napf, den ihm das Kind auf die Erde setzte, als es selber an den Tisch zum Essen gerufen wurde. Die Freundschaft zwischen André, dem Sohn des Waldbauern, und Willibald Wildschwein, wie André ihn taufte, entwickelte sich schnell zur Vertrautheit. Das große Tor war längst nicht mehr geschlossen, wenn Willibald auf dem Hof herumlief, denn nach seinem ersten Ausflug in den Wald, als André vergessen hatte, das Tor zu schließen, war Willibald freiwillig zu seinen neuen Freunden zurückgekehrt. Bald streiften André und sein vierbeiniger Spielkamerad gemeinsam durch den Wald. Nach anfänglichen Bedenken, sich weiter vom Haus zu entfernen, konnte sich André bald davon überzeugen, dass man sich auf Willibalds Nase absolut verlassen konnte, und sie immer wieder nach Hause fanden, ohne sich ein einziges Mal zu verlaufen.

Willibald suchte seine Lieblingsplätze wieder auf, an denen der Boden mit Bucheckern übersäht war, die er so gerne fraß. Auch André sammelte von dem Reichtum dort für seine Mutter, die daraus Öl pressen konnte. Auch herrliche Pilzwiesen fand Willibald wieder und André brachte immer reiche Beute mit nach Hause.

Auf einem ihrer sich immer weiter ausdehnenden Steifzüge erreichten sie eines Tages das andere Ende des Waldes, das André´, nach den Schilderungen seines Vaters über Dörfer mit Häusern und Geschäften voller herrlicher Sachen, schon immer unbedingt einmal hatte kennenlernen wollen.

Sie konnten von der Stelle, an der sie aus dem Wald getreten waren, zwar keine Häuser sehen, aber sie hörten Musik aus der Ferne.
André zögerte einen Augenblick, ob sie es wagen sollten, in das Dorf zu gehen, das, nach dem Geräusch zu urteilen, in der Senke vor ihnen liegen musste.
Er spuckte dann aber recht männlich, wie er meinte, durch seine Zahnlücke und gab mehr sich selber als Willibald den Befehl los zu marschieren.
Zu seiner Überraschung sahen sie hinter dem Buschwerk, durch das sie sich durch arbeiteten, zwar einige Häuser und sogar eine Dampfeisenbahn, die André nach den Bildern in einem von Vaters Büchern erkannte, doch lag das alles hinter einem mindestens drei Meter hohen Zaun aus Maschendraht.
André sah Kinder und Erwachsene in die offenen Wägelchen der Eisenbahn einsteigen und hörte ihr Lachen, wenn mit viel Fauchen und Rumpeln der Zug sich in Bewegung setzte, um das ganze Dorf herumfuhr und sogar ein Stück durch einen Berg.
André konnte seinen Blick nicht losreißen von diesem für ihn, dem in der Einsamkeit

lebenden Waldbauernbub, so ungewöhnlichen Geschehen.

Zu gerne wäre auch er einmal auf dem Zug gefahren, der atemberaubend schnell, mindestens dreimal so schnell wie Vaters Pferdewagen, durch die Gegend donnerte und dabei herrlich schrille Pfiffe ausstieß, ganz zur Freude der Kinder, die jedes Mal laut jubelten.

Als André seine sehnsüchtigen Blicke einmal von dem faszinierenden Geschehen abwandte und zu Willibald schaute, sah er, dass sein kleiner Freund seine heimlichen Gedanken erraten zu haben schien und dabei war, direkt am Zaun ein Loch in die Erde zu scharren, durch das er selber schon fast hindurch kriechen konnte.

André ließ sich sofort auf alle Viere nieder und half mit beiden Händen, das Loch zu vergrößern, damit auch er durchschlüpfen könnte.

Nach einiger Zeit intensiven Buddelns war das Werk getan und beide standen auf der anderen Seite des Zauns. Sie kletterten den Abhang hinunter, an dessen Fuß der Bahndamm entlang lief, und gingen bald auf den Schienen in Richtung auf das Dorf zu.

Voller Erwartung und Vorfreude schauten sie die in der Sonne glänzenden Bahnschienen entlang, als sie in einiger Entfernung irgendetwas auf dem Bahndamm liegen sahen.
Neugierig gingen die beiden auf den Gegenstand zu. Es sah aus wie ein großes Kleiderbündel. Willibald war vorgelaufen, um den Fund zu beschnuppern, wie André annahm.
In Wirklichkeit hatte Willibald schon lange erkannt, dass dort ein Mensch lag, ein Menschenkind um genauer zu sein, das offensichtlich so schwer verletzt war, dass es sich nicht mehr bewegen konnte. Willibald versuchte sofort, das Kind, das ohnmächtig war, von den Schienen zu zerren, weil er instinktiv die Gefahr witterte. Seinem feinen Spürsinn war nicht das Vibrieren der Schienen entgangen, welches wohl das Näherkommen eines dieser schwarzen, dampfenden Ungetüme ankündigte.
André fasste das Kind unter beide Arme, als er endlich auch keuchend herangekommen war, und wollte es hochheben.
Er stellte mit Entsetzen fest, dass das Bein des Kindes, einem Mädchen etwa in seinem Alter

mit blondem, langem Haar, gebrochen war und merkwürdig verkrümmt vom Körper abstand. Es war offensichtlich mit dem Fahrrad gestürzt, das total verbogen noch unter dem Kind lag, was das Fortziehen vom Bahndamm sehr erschwerte.

Willibald lief laut quiekend hin und her. Er schien immer unruhiger zu werden.

Plötzlich hörte auch André das Pfeifen der Lok und das Grummeln des näher kommenden Zugs. Das Pfeifen klang für ihn plötzlich nicht mehr fröhlich, sondern sehr bedrohlich.

Alles Zerren und Schieben half nichts, seine Kraft reichte nicht aus, das Mädchen aus dem Bau des Fahrrades, der sich zwischen den Schienen verkeilt hatte, zu befreien und beiseite zu schleppen.

Was sollte er nur tun? Wie sollte er sich nur bemerkbar machen?

Auch hier zeigte ihm Willibald den einzig möglichen Weg. Er rannte auf den Schienen dem Ungetüm laut quiekend mit steil aufgestelltem Schwänzchen entgegen und kam dann wieder zu André zurück.

André lief jetzt auch los, zog im Laufen schnell seinen roten Pullover über den Kopf und schwenkte ihn hin und her.

Riesig wuchtete sich ihm das schwarze Ungetüm entgegen. Das Stampfen dröhnte ihm in den Ohren und seine Angst drängte ihn, von den Schienen zu springen und sich in Sicherheit zu bringen.

Doch wie hätte er weniger mutig sein können als Willibald, der vor ihm todesmutig dem Dampfross entgegen stürmte. Das Mädchen wäre verloren, wenn er jetzt an seine eigene Sicherheit dächte!

Mit einemmal stieß die Lok mehrere lang anhaltende Warnpfiffe aus. Man hatte sie also gesehen!

Unmittelbar darauf blockierten die Eisenräder, sprühten Funken und kreischten ohrenbetäubend.

Ein Mann mit rußigem Gesicht gestikulierte wie wild mit beiden Händen von der Lok herunter, so als wollte er sie aus der Ferne von den Schienen wischen.

Und ganz allmählich zeigten die Bremsen ihre Wirkung. Der Zug wurde langsamer und kam schließlich kurz vor der Kurve, hinter der das Mädchen lag, und unmittelbar vor dem voraus stürmenden Willibald zum Stehen.

Wütend sprangen der Lokführer und der rußige Heizer von der Maschine und ein Schaffner in

Uniform vom vordersten Wagen und rannten laut schimpfend auf Willibald und André zu.

Doch ohne sich um das Palaver zu kümmern, gab der Junge den Erwachsenen ein Zeichen, ihm zu folgen.

Zögernd nur setzte sich das Zugpersonal in Bewegung und auch einige neugierige Passagiere folgten der Gruppe um die Kurve.

Plötzlich aber kam Bewegung in die Leute. Sie hatten die Verunglückte gesehen.

„Das ist ja Laura, die Tochter des Direktors!", rief der Schaffner, als er sich über das Häufchen Elend beugte. Vorsichtig hoben einige Erwachsene das ohnmächtige Kind hoch, warfen das Fahrrad von den Schienen und trugen Laura zum Zug, den der Lokführer in der Zwischenzeit herangefahren hatte.

Natürlich lud man André ein mitzufahren, was dieser freudig akzeptierte, ohne allerdings seinen Freund Willibald zu vergessen.

Beide wurden auf den Wagen gehoben und das Dampfross stampfte eilig los, um die Verletzte zum Arzt zu bringen.

Das Dorf, in dem der Zug schließlich hielt, war die Nachbildung eines Goldgräberdorfs aus dem Wilden Westen, wie André auf seine

Frage, warum die Häuser alle aus Holz gebaut und so merkwürdig schief seien, erfuhr.

Sie befanden sich in einem Freizeitpark, in dem viele solcher Sehenswürdigkeiten gezeigt wurden. Auch die alte Eisenbahn gehörte dazu. Sie verband die einzelnen Attraktionen miteinander.

Kurz nachdem der Zug angehalten hatte, kam ein Mann in einem dunklen Anzug aus einem modernen Steingebäude gelaufen, in dem der Eingang zum Park mit den Kassen untergebracht war und das etwas versteckt unter hohen Buchen oberhalb des „alten" Dorfs lag.

Es war der Direktor des Parks, der Vater des verunglückten Mädchens. Aus dem ununterbrochenen Pfeifen der Lok habe er geschlossen, dass irgendetwas nicht in Ordnung sei, sagte er.

Mit kurzen Worten informierte ihn der Schaffner, dass Laura, seine Tochter, verletzt im Wagen liege und nur durch die Aufmerksamkeit von André vor dem Überfahren gerettet worden sei.

Der Direktor, befehlsgewohnt, schickte sofort einen der Zugbegleiter ins Verwaltungsgebäude, um die Ärztin zu holen, die in der dort befindlichen Erste – Hilfe – Station des Parks Dienst hatte.

Laura, die in der Zwischenzeit wieder zu sich gekommen war, erzählte mit schwacher Stimme, dass sie mit ihrem neuen Fahrrad den Hang hinuntergesaust und beim Versuch, die Schienen an dieser Stelle außerhalb des Ortes zu überqueren, gestürzt sei.

Auf mehr konnte sie sich nicht besinnen. André schilderte dann mit wenigen Worten und ohne viel Aufhebens von sich zu machen, seinen und Willibalds Anteil an der Rettung.

Das Mädchen wurde auf einer Trage weggebracht, nachdem sie André das Versprechen abgenommen hatte, sie bald im Krankenhaus zu besuchen.

Lauras Vater hatte versprochen, für den Transport zu sorgen. Er wollte André und auch Willibald, auf dessen Besuch Laura ausdrücklich bestanden hatte, in den nächsten Tagen vom Waldbauernhof abholen und ins Krankenhaus mitnehmen. Er freute sich jetzt schon auf die Gesichter des Krankenhauspersonals, wenn ein Wildschwein seine Tochter am Krankenbett besuchen kam.

Natürlich hatte sich der Direktor des Freizeitparks für die Rettung seiner Tochter eine Belohnung überlegt.

Da er mittlerweile wusste, wie die beiden Retter in den Park gelangt waren, dass sie natürlich keine Eintrittskarten gehabt hatten und sie sich diese auch nicht hätten leisten können, überreichte er André eine Ehrenkarte, die ihm Zeit seines Lebens den freien Eintritt in den Freizeitpark garantierte. Bei Willibald rasierte man eine entsprechend große Stelle auf der Stirn kahl, und dort erhielt er einen roten Stempel, der die gleiche Funktion hatte.

Damit nun die beiden Lebensretter auf schnellstem Wege in den Park gelangen konnten und nicht jedes Mal den langen Weg am Zaun entlang bis zum Haupteingang würden gehen müssen, ließ der Direktor von seinen Leuten das von Willibald und André gescharrte Loch erweitern und ausmauern und sogar mit einer kleinen Treppe versehen. Und sollte einmal ein „Unbefugter" auf diesem Weg in den Park gelangen, dann würde es vielleicht wieder eine Heldentat zu bestehen geben.

Das Eselchen „Dagobert"

*

Dagobert war ein junger Esel, ein quicklebendiges Grautier, das seinen Namen der Tochter der Bergbauernfamilie verdankte, in deren Diensten Dagoberts Mutter stand.
Tina, oder wenn die Mutter böse mit ihr war, rief sie: „Kristina", betrachtete Dagobert als ihren Esel, weil sie bei seiner Geburt dabei gewesen war. Sie hatte Dagobert direkt nach der Geburt mit Stroh abreiben dürfen und bei Dagobert und seiner Mutter die erste Nacht im Stall geschlafen.
Dagobert war Tinas Spielkamerad, tollte mit ihr herum, ließ sich von ihr reiten und warf sie dann auch hin und wieder ab.
Nach einigen Monaten ließ Tinas Mutter Dagobert ab und zu schon das Feuerholz transportieren. Sie legte dann Dagobert den hölzernen Sattel auf, und obwohl das für ihn

völlig ungewohnt war, legte er sich doch ins Zeug und eiferte seiner Mutter nach, weil er zeigen wollte, dass er schon fast erwachsen sei und fast schon voll arbeiten könne.

Noch ließ man ihm aber auch Zeit, sich auszutoben und mit Tina weite Ausflüge in die Berge zu machen, bei denen man die nächsten Nachbarn besuchte und mit deren Kindern einige Stunden spielte.

Für alle Beteiligten war das etwas außerordentlich Schönes, weil es so selten vorkam. Auf den Heimwegen setzte sich Tina dann meistens auf Dagoberts Rücken, weil sie vom Herumtollen müde war. Dagobert brachte mit seinem untrüglichen Instinkt und mit absoluter Trittsicherheit seine kostbare Last immer unbeschadet nach Hause.

Die Jahreszeiten in den Bergen wechseln schnell. Auf den Frühling mit seiner kurzen Blüte und dem heißen Sommer, der die kahlen Berge durchglüht, der Erde, Sträucher und Bäume ausdörrt und dessen heißer Atem selbst bis in die höchsten Bergregionen zu spüren ist, folgt der Herbst, der das Atmen wieder leichter macht, in dessen Nächten Menschen und Tiere wieder erholsamen Schlaf finden und der die karge Ernte beschert.

Dann kommt der Winter, mit Eis und Schnee, mit peitschenden Winden und bitterer Kälte. Mensch und Tier rücken näher zusammen, wärmen sich gegenseitig und folgen so einem Urbedürfnis.

An klaren Wintertagen drängt alles nach draußen, hungrig nach Sonne und nach Bewegung. Die Erwachsenen füllen aus den Vorräten im Holzschuppen das Brennholz für den Küchenherd auf, der auch die Stube schön mollig warm macht, und die Kinder und natürlich auch die Jungtiere nützen die Gelegenheit, ihren Bewegungsdrang zu stillen, sich wieder einmal auszutoben, nach der langen Zeit der vom Wetter erzwungenen Ruhe.

An einem dieser seltenen Sonnentage erhielt Tina nach einigem Betteln und nachdem der Vater mehrere prüfende Blicken zum Himmel geworfen hatte die Erlaubnis, mit Dagobert wieder einmal einen Ausflug mit dem Schlitten zu den Nachbarn zu machen.

Sie musste natürlich versprechen, vor dem Dunkeln wieder zu Hause zu sein, was in den Bergen natürlich schon am frühen Nachmittag bedeutete.

Schnell war die Wegzehrung gepackt und auf Dagoberts Rücken verstaut, ebenso der geräucherte Schinken, den die Nachbarin beim letzten Besuch für die Festtage bestellt hatte, weil keiner den Schinken so schmackhaft würzen konnte wie Tinas Mutter, hatte sie gemeint.

Tina befestigte schnell die Schlittenleine an Dagoberts Packsattel und mit lautem Jauchzen und den üblichen Ermahnungen der Eltern ging es los.

Lustig schepperte die Glocke, die zwischen die beiden Schlittenhörner gebunden war. Unbeirrt vom teilweise tiefen Schnee auf den Wegen trabte Dagobert durch den Wald. Ab und zu zog er vor Übermut wiehernd den Schlitten unter den schwer mit Schnee beladenen, tief hängenden Ästen hindurch, sodass Tina die weiße Ladung, die Dagobert abstreifte, voll abbekam. Sie quittierte dies jedes Mal mit einem frohen und ausgelassenen Lachen.

Nach einer knappen Stunde mit teils steilen An- und Abstiegen erreichten die beiden Ausflügler die große Lichtung am Bannwald, auf der das mächtige Holzhaus der Nachbarn stand.

Die Rückwand des Hauses war direkt an einen mächtigen Felsbrocken angebaut, der das Haus wie ein unüberwindlicher Schutzschild überragte.

Kaum hatten Tina und Dagobert die Lichtung betreten, da rannten ihnen auch schon die beiden Kinder der Nachbarn aus dem Haus entgegen, und nachdem die Aufträge der Mutter erledigt waren, tollte das lustige Quartett bald ausgelassen auf der nahen Bergwiese. Man sauste mit den Schlitten den Hang hinunter oder kletterte einfach auf Dagoberts Rücken, der einen herrlichen Schlitten darstellte, wenn er sich in den Schnee gesetzt hatte, die Hinterbeine steif nach vorne gestreckt und die Vorderhufe fest aufgestützt.

Mitten in einer dieser Rutschpartien haute Dagobert plötzlich seine Vorderhufe mit aller Kraft in den Schnee, so dass die Kinder über seinen Kopf hinweg in die weiße Pracht purzelten.

Sie standen lachend wieder auf und wollten diesen Spaß wiederholen, blieben aber ganz verwundert stehen, als sie Dagoberts Haltung sahen. Er stand ganz steif, den Kopf leicht zur Seite geneigt, als ob er ganz angestrengt lausche.

Auch alles Zerren und Necken konnte ihn nicht dazu bewegen, sich wieder dem lustigen Tollen zuzuwenden.

Er ging sogar noch etwas weiter weg von den lauten Kindern, und nach einem neuerlichen Verharren stieß Dagobert Laute aus, die sich ziemlich klagend anhörten. Die Kinder achteten aber schon nicht mehr auf ihn. Sie hatten ihr Spiel wieder aufgenommen.
Dagobert lief jetzt unruhig hin und her und stieß von Zeit zu Zeit seinen immer heiserer und intensiver klingenden Warnruf aus. Einmal lief er sogar zu Tina hin und stupste sie mit seiner Schnauze an.
Als Tina dies nur als Aufforderung zum Spielen betrachtete und sich ihm nicht zuwendete, drehte sich Dagobert um und rannte schnell von den spielenden Kindern weg. Vom Rande der Lichtung schaute er noch einmal zurück, als ob er sich vergewissern wollte, dass den Kindern nichts passieren könne, wenn er sie allein ließ, und war zwischen den Bäumen verschwunden, ohne dass die Kinder ihn zuerst vermissten.

      Dagobert lief so schnell ihn seine Hufe trugen in Richtung Heimat. Er war sehr beunruhigt. Trotz des Tollens hatte er nämlich die leichte Erschütterung des Bodens bemerkt, das leichte Vibrieren, und eine unbestimmte Unruhe hatte ihn ergriffen.

Er hatte plötzlich Angst um seine Mutter. Irgendetwas war passiert, das spürte er. Er hätte Tina zwar lieber mitgenommen, da er sich für das in den Bergen noch unerfahrene Menschenkind verantwortlich fühlte, doch wusste er sie in guten Händen und war sicher, dass die Gastgeber sie nicht alleine weglassen würden.

Dagobert hatte gemerkt, dass so einem Menschenkind die Sensibilität für außergewöhnliche Situationen und Gefahren fehlte, und ohne Tina kam er im Übrigen auch viel schneller vorwärts!

Bald ging er vom Trab in den gestreckten Galopp über. Er fühlte ganz deutlich, dass seine Mutter ihn brauchte und er ihr helfen musste. Auch wenn der Weg an gefährlichen Felsabbrüchen vorbeiführte, verlangsamte er sein Tempo nicht.

Und doch musste er dann aus vollem Galopp plötzlich abbremsen, weil vor ihm die Straße durch ein abgerutschtes Schneebrett völlig verschüttet war. Vorsichtig Huf vor Huf setzend, trat sich Dagobert einen Weg. Hinter der nächsten Kurve musste sein Heimathof liegen, war seine Mutter!

Meter um Meter arbeitete er sich mit steigender Ungeduld vor. Als er einen großen Felsen erreichte, der mit seinem schartigen Kopf aus den Schneemassen hervorragte, wusste er, dass dahinter der Hof zu sehen sein würde. Er stampfte wie wild seine Spur, umrundete den Felsen und blieb dann wie angewurzelt stehen.
Vor sich sah er ein Chaos. Eine Lawine war abgegangen, hatte alle Verbauungen überwunden, hatte die Bannwaldbäume wie Streichhölzer geknickt und mit ihren Ausläufern, Gott sei Dank nur mit den Ausläufern, den Hof getroffen.
Die Rückwand des Hauses, in dem sich unten der Stall befand und oben die Wohnräume, war eingedrückt worden, das Dach war nach hinten gekippt und dann auch weitgehend mit dem hoch aufstäubenden Schnee bedeckt worden.
Die Vordertür und die Scheiben der Fenster waren vom Druck herausgeflogen.
Die vordere Wand des Hauses sah allerdings noch recht stabil aus, jedenfalls stand sie noch senkrecht und trug auf dieser Seite das schräge Dach. Dagobert rannte die wenigen Meter über die Hauswiese auf die Türöffnung zu. Wo war seine Mutter? Wo waren die Menschen, Tinas Eltern?

Mit seinen feinen Nüstern schnupperte er, als er im Haus war. Er ging in Richtung auf Mutters Lieblingsplatz neben der alten Futterkrippe zu.
Hier stutzte er. War das nicht ein Hinterhuf seiner Mutter da unter dem Schnee?
Er scharrte mit beiden Beinen abwechselnd den Schnee weg und hatte schnell erst das eine und bald das andere Hinterbein seiner Mutter freigelegt. Sie war wohl ohnmächtig, doch nachdem Dagobert sie mehrmals mit den Hufen geschuppst hatte, rührte sie sich.
Sie konnte aber immer noch nicht aufstehen, weil die Schneelast auf ihrem Körper zu schwer war. Erst als Dagobert mit Vorderhufen und Kopf die Schneemassen beiseite geschoben hatte, konnte sie ihren Kopf, der unter dem alten Futtertrog gelegen hatte, herausziehen.
Gott sei Dank war der Hohlraum groß genug gewesen, so dass sie genug Luft bekommen hatte!
Unter Einsatz der letzten Kraftreserven stand sie jetzt auf, ihre Beine waren allerdings noch sehr wackelig.
Sofort lief sie zur anderen Seite des Untergeschosses. Hier hatte sie kurz nach der Katastrophe Klopfzeichen aus dem Raum gehört, in dem die Werkzeuge aufbewahrt

wurden, und in den sie kurz vor dem großen Krachen ihren Herren und auch die Frau hatte hineingehen sehen, weil sie das Futter für die Tiere zubereiten wollten.

Das Tier hielt sich nicht damit auf, an der Tür zu kratzen, oder zu versuchen, sie mit dem Kopf aufzudrücken. Dagoberts Mutter drehte sich kurzerhand um und schmetterte mit aller Kraft, zu der sie noch fähig war, ihre Hinterlaufe gegen die Tür. Das Holz splitterte, die Tür riss aus den Angeln und krachte noch innen auf den Werktisch. Schnee wurde aufgewirbelt und es war zuerst überhaupt nichts zu sehen.

Dagobert hörte das Stöhnen zuerst und sah, wie die Hand des Bauern, die um das Bein des Werktisches gekrallt war, sich bewegte.

Sofort sprang er vorwärts, biss in den Jackenärmel und zerrte den Menschen unter dem Tisch hervor in den vorderen Raum.

Gott sei Dank hatte seine Mutter mittlerweile auch die Bauersfrau entdeckt, die sich in dem Augenblick des Unglücks gerade in die große Futterkiste gebeugt hatte, um mit einem hölzernen Scheffel die letzten Reste von Getreide zusammen zu kratzen.

Der Deckel war von den Schneemassen auf ihren Rücken gedrückt worden, so dass sie sich nicht mehr hatte bewegen können. Dagobert schob zuerst seine Schnauze und dann seinen Kopf durch den Spalt zwischen Kiste und Deckel, machte seinen Nacken steif und hob den schweren Deckel so weit an, dass seine Mutter die Frau herausziehen konnte. Durch das dumpfe Knallen des zuschlagenden schweren Deckels, bei dem sich Dagobert um ein Haar seine schönen, langen Ohren eingeklemmt hätte, wachte die Frau aus ihrer Ohnmacht auf und sah sich ängstlich um. Dagobert stupste sie mit seiner weichen Schnauze sanft an, was die Frau offensichtlich beruhigte.

Wenn die Tiere mit ihrem untrüglichen Instinkt für Gefahr nicht wegliefen, dann konnte keine weitere Bedrohung existieren! Mühsam mit den Händen sich aufstützend, kniete sie sich hin und sah sich erst einmal gründlich um. Tränen liefen ihr dabei über die Wangen. Plötzlich ruckte ihr Kopf herum in Richtung auf das Stöhnen, dass sie nun hörte. Auf allen Vieren kroch sie vorwärts und sank schließlich auf die Brust ihres Mannes. Ihre Hände tasteten nach seinem Gesicht. Sie spürte, dass seine Haut kalt war. Schnell griff sie mit beiden Händen in den Schnee und begann, seine Wangen damit einzureiben. Nach wenigen Minuten schlug der Mann die Augen auf, sah seine Frau und sah die neugierig zuschauenden Esel, die, wie zur Unterstützung der Wiederbelebung, ihren warmen Atem aus ihren Nüstern in sein Gesicht bliesen. Mühsam setzte er sich auf. Er legte seiner Frau, die nun neben ihm kniete, seine Arme um den Hals und zog ihren Kopf' an seine Brust. Ihr verhaltenes Schluchzen ging nun in klagendes Weinen über. Dicke Tränen liefen ihr übers Gesicht.

Die besorgten Blicke des Mannes gingen immer wieder zur schrägen Decke hinauf, wo es knackte und knisterte. Durch Dielenritzen stäubte ab und zu etwas feiner Schnee herunter. Es musste eine gewaltige Schneelast auf den Eichenbalken und den Brettern der Stalldecke, also auf dem Fußboden ihrer Wohnung liegen. An einigen Stellen glaubte er sogar zu sehen, dass sich die mächtigen Tragbalken leicht durchbogen.

Nachdem er ein wenig zu Atem gekommen war, stemmte er sich hoch, half auch seiner Frau auf die Beine, und beide wankten ins Freie. Der Himmel strahlte in einem fast unnatürlichen Blau, wie es nur der Winter zaubern kann. Die Sonne lachte fast höhnisch herab und der Berg gleißte in unschuldigem Weiß über ihnen, als könne er „kein Wässerlein" trüben. Und doch hatte er von einer Sekunde auf die andere die Heimstatt dieser sowieso nicht mit Reichtümern gesegneten Menschen verwüstet. Das Haus müsste im Frühjahr neu aufgebaut werden. Man würde Schulden machen müssen und es würde viel zusätzliche, harte Arbeit kosten, neben der Knochenarbeit auf den steinigen Feldern und der fast unmenschlichen Mühen der Holzfällerei.

Es würde über Jahre wieder nichts werden mit Anschaffungen zur Erleichterung der Arbeit, wie etwa einer hydraulischen Seilwinde oder gar eines kleinen Traktors, von dem sie geträumt hatten. Der Bauer schloss seine Frau in die Arme. Er wusste, sie hatte dieselben Gedanken wie er.

„Hauptsache wir haben alle überlebt", tröstete er sie, „der Rest wird sich mit Gottes Hilfe fügen!"

Sein Kopf fuhr herum. Die alten Balken ächzten als klagten sie über die schwere Last, die ihnen so plötzlich aufgebürdet wurde. Man musste die Decke abstützen, um wenigstens ein Dach über dem Kopf zu behalten. Es musste auf jeden Fall verhindert werden, dass die Vorderwand auch noch einbrach!

Kaum war er einige Schritte durch den Schnee zum Schuppen gestapft, als Dagobert auch in diese Richtung loslief, als ob er ahnte, was der Bauer vorhatte. Auch seine Mutter trabte nun hinterher. Sie würde sowieso die schweren Balken schleppen müssen, die der Bauer jetzt holen wollte, und die für einen im Frühjahr geplanten Anbau an den Schuppen schon zugeschnitten bereit lagen.

Der Bauer war kaum in der Lage, die einzelnen Balken an einem Ende anzuheben, sie auf den Lastsattel der Eselin aufzulegen und sie daran festzubinden, sodass diese die Last zum Haus schleppen konnte.

Dagobert unterstützte seinen Herrn immer wieder, indem er seinen Rücken unter den schweren Balken schob und so dem Menschen eine Verschnaufpause verschaffte. Mit vereinten Kräften wurden die Balken dann zum Haus gezerrt und geschoben, wo der Bauer sie mit einer langen Säge, die er in der Kammer unter dem Schnee gefunden hatte, zur entsprechenden Länge absägte und unter den Haupttragebalken hämmerte.

Die Sonne stand schon ziemlich tief am Himmel, als der Bauer die Abstützung für ausreichend hielt. Er hatte nicht nur senkrechte Stützbalken sondern auch waagerechte Querbalken in die neu entstandene Wand eingepasst und würde sie später noch sehr gründlich mit dem üblichen Lehm - Stroh - Gemisch füllen.

Hier würde er mit seiner Familie und den Tieren über den noch langen Gebirgswinter wohnen müssen! Während der letzten Hammerschläge hatte die Mutter Tinas ängstliche Stimme und die entsetzten Ausrufe des sie begleitenden Nachbarn gehört.

Dieser war, angesichts des ´Chaos', wie vom Donner gerührt am großen Felsen jenseits der Hauswiese stehen geblieben. Wieder war es Dagobert, der am schnellsten reagierte. Er stürmte auf Tina los, ließ sie aufsitzen und trug sie sicher durch den tiefen Schnee zum Haus. Nun kam auch der Nachbar herangestürzt und seine Züge entspannten sich erst wieder, als er Tinas Vater und auch die Mutter wohlbehalten vor sich sah. Natürlich würden er und seine Knechte im Frühjahr kräftig mit anpacken, das sei doch selbstverständliche Nachbarschaftshilfe und Freundesdienst, versicherte er sehr zur Beruhigung von Tinas Eltern, die auf diese

Unterstützung gehofft hatten. Tina war von Dagoberts Rücken gerutscht, leise zu den Erwachsenen getreten, hatte ihre kleine Hand in die große, verarbeitete Hand der Mutter geschoben und sich an sie gedrückt, Die Mutter lächelte sie an, umarmte sie fest, und da wusste Tina, dass alles wieder gut werden würde.

Die Sterne blitzten schon kalt vom Nachthimmel und der dicke Mond besah sich neugierig die Bescherung, als Tina sich völlig übermüdet in die mit Heu ausgestopfte Futterkrippe legte, während die Erwachsenen immer noch die nächsten Arbeitsschritte planten. Der Schnee musste wenigstens teilweise vom Dach gedrückt werden, dass man durch die Dachschindeln an den Hausrat herankam. Es mussten Töpfe und Pfannen her und vor allem der Ofen und natürlich die Betten. Tina lächelte vor sich hin. Matratzen und Kopfkissen würde sie nicht brauchen und wahrscheinlich auch keine Decke. Dagobert durfte als Belohnung für seine mutige Rettungstat bei ihr in der Futterkrippe schlafen und sie gut wärmen. Sie kuschelte sich ins Stroh und legte ihren Kopf auf Dagoberts Hals. Beim Einschlafen streichelte sie sanft Dagoberts Nüstern und ein dankbares Schnauben war die Antwort.

„Hermine", die kluge Schulmaus

*

In einer großen alten Schule lebte einst eine kleine Maus mit Namen Hermine, die ein herrlich seidenes Fell hatte. Es war von feinstem dunklem Grau. Nur um die Augen, ja genau um die Augen war das Fell etwas heller, sodass es aussah, als ob sie eine Brille trüge. Alle ihre Mitmäuse beneideten sie um diese hellen Ringe um die Augen, denn sie sah dadurch äußerst klug aus. Von nah und fern schickte man Boten zu Hermine, der klugen Schulmaus und bat sie um ihren Rat.

Und klug war sie wirklich, da gab es überhaupt keinen Zweifel! Hermine verstand es nämlich immer, die leckersten Essensreste aufzutreiben. Unsere kluge Maus hatte fast einen sechsten Sinn, wenn es galt, mit Butter und Käse belegte Brötchenreste, Kuchenkrümel, Apfel- oder Bananenstücke oder sogar hin und wieder Reste von Schokoladenkeksen zu finden. Sie kannte die Plätze genau, an denen sie suchen musste. Oft blinzelte sie am Morgen während des Unterrichts über die Fußleiste ins Klassenzimmer, und so konnte sie nach den besten Leckereien Ausschau halten.

Sie konnte dabei oft beobachten, wie so ein ungehorsames Menschenkind während des Unterrichts heimlich in sein Brot biss oder seinen Schokoladenriegel anknabberte und dann im Eifer des Spiels vergaß. Das war dann jedes Mal ein Festessen.

Hermine hatte aber nicht nur die Aufgabe, die besten Futterplätze ausfindig zu machen. Eine der vornehmsten Pflichten – ihr extra vom Großen Mäuserat übertragen – war die Ausbildung des Nachwuchses.

In einem besonders geräumigen Hohlraum in der Wand saßen dann die kleinen Mäuschen schön still und lauschten artig den Belehrungen, den Warnungen und den strengen Verboten ihrer Lehrerin mit den klugen Augen.

Das dünne Fell der kleinen „Krabbler" sträubte sich, ihre Augen wurden groß und rund vor Entsetzen, wenn Lehrerin Hermine von den vielen Gefahren erzählte.

Hermine warnte die Kleinen vor zu großer Neugier, denn es war schon vorgekommen, dass eine allzu vorwitzige Maus von den Menschenkindern gesehen wurde, als sie den Kopf über die Fußleiste streckte, um besser sehen zu können. Unter lautem Gejohle hatten dann die Menschenkinder mit kleinen Stöckchen, die sie Bleistifte nennen, im Mauseloch herumgestochert, wobei das kleine Mäuslein nur mit viel Glück dem Aufspießen entgangen war.

Die größte Gefahr aber, und vor dieser warnte Hermine besonders intensiv, die größte Gefahr im ganzen Mäuserevier sei ein Menschenmann, der immer mit Schlüsselrasseln daher käme und fürchterlich nach verbranntem Heu röche, das die Menschen Zigaretten nennen. Dieser stinkende Menschenmann sei die Hinterlist in Person, denn er stelle an immer wieder wechselnden Orten immer raffinierter werdende Mausefallen auf. Viele Mitmäuse seien ihnen schon zum Opfer gefallen. Über die fürchterlichen

Schmerzen und den tödlichen Schreck könne ihnen der alte, seit der Bekanntschaft mit einer dieser Fallen dreibeinig lahmende Mäuserich aus der Nachbarschaft erzählen, der gerade noch einmal davon gekommen sei, nicht sein Leben, aber ein Bein dabei verloren habe.

Aber auch die schlauste Maus – und mag sie noch so weise und brillengesichtig sein – kann nicht alle Gefahren, nicht jede boshafte und grausame Hinterlist der an Mäuse-Verfolgungswahn leidenden Zweibeiner voraus ahnen.

Als Hermine eines Tages wieder die Futterplätze absuchte, drang ihr der Geruch von Käse in die Nase und zwar so verführerisch, dass sie unwiderstehlich angezogen wurde. Zwar klingelten in ihrem Kopf sogleich schrill die Alarmglocken, denn einen so intensiven Käsegeruch ohne eine Gefahr hatte sie noch nie erlebt. Da musste doch etwas faul sein! Doch ihre Beine bewegten sich automatisch auf die duftende Herrlichkeit zu, wie wenn sie von der gierigen Nase an Fäden gezogen würden.

Ein Stück Schweizer Käse lag bald in seiner himmlisch duftenden, löchrigen Herrlichkeit vor ihr, und das Wasser lief ihr wie in Sturzbächen in ihrem Schnäuzchen zusammen. Sie wollte die letzten schnellen Schritte machen, um von der verlockenden Pracht kräftig abzubeißen, da stieß ihre Schnüffelnase gegen ein unerwartetes Hindernis. Dünne kalte Metallstäbe standen um den Käse herum, und so oft sie auch darum herum lief, sie konnte keinen Zugang finden. So etwas hatte sie noch nie gesehen, ein Käse hinter Gittern!

Sollte das eine neue Art von Falle sein? Aber Mausefallen sahen doch ganz anders aus! Wie oft hatte sie schon diese Brettchen mit dem laut knallenden Schnappmechanismus durch einen seitlichen Stoß mit dem Schnäuzchen zum Zuschlagen gebracht, um dann in aller Ruhe den leckeren Köder völlig gefahrlos zu verputzen. Sogar ihren kleinen Schützlingen hatte sie diese „Selbstbedienungsläden" schon vorgeführt, die für die Intelligenz jeder Maus eine beleidigende Unterschätzung darstellen.

Ganz verwegene junge und heldenmütige Mäuse, die noch die Mutprobe ablegen mussten, um in den Kreis der Erwachsenen aufgenommen zu werden, versuchten sogar hin und wieder, die Beute zu stibitzen, ohne dass die Falle vorher ausgelöst worden war. Sie wollten damit die zweibeinigen Riesen ärgern und ihnen zeigen, wie dämlich sie doch wären, wenn sie glaubten, dass kluge Mäuse auf so einen veralteten Schwachsinn noch immer hereinfielen. Doch Hochmut – auch Mäusehochmut – kommt bekanntlich vor dem Fall, denn immer wieder erwischt es bei diesem gefährlichen Spiel die eine oder andere allzu wagemutige Maus.

Hermine hatte das alles schnell durchdacht und kam zu dem Schluss, dass das Ding vor ihr wohl nur zufällig zwischen ihr und dem herrlich duftenden Käse stand. Wenn es eine Falle wäre, wäre sie wohl schon lange zugeschnappt, denn sie war mit Absicht bei ihrer Untersuchung einige Male kräftig gegen dieses komische Ding gestoßen.

´Vielleicht kommt man ja von oben dran´, dachte sie und schon hatte sie sich aufgerichtet, bemerkte die Quereisen, die man wunderbar als Leiterstufen benutzen konnte, krabbelte höher und höher und hatte plötzlich oben auf dem Eisending eine Öffnung entdeckt, die einen ungehinderten Zugang zum Käse ermöglichte.

Sie kroch näher an die Öffnung heran und „schwupp!" rutschte sie, ohne bremsen zu können hinab, weil nämlich die Eisenstäbe nach unten gebogen waren.

Unsanft plumpste sie durch die Öffnung nach unten, mitten auf den herrlichen Käse. Das war ja wunderbar! Sie hatte also doch einen Zugang gefunden, denn sie war ja eine so kluge Maus!

Sie hatte schon ihr Schnäuzchen geöffnet, um herzhaft zuzubeißen, als ihr ein übermächtiger Instinkt befahl, erst einmal einen Fluchtweg zu suchen und sich dann erst der Köstlichkeit mit ihrem herrlichen Duft zu widmen. Jahrzehnte lange, leidvolle Erfahrung beim Jagen sagte ihr nämlich, dass solche Leckerbissen nicht einfach so herumliegen, ohne eine Gefahr zu bringen.

So lief Hermine innen an den Stäben vorbei, fand keinen Ausweg und lief und lief, wurde immer verzweifelter, lief weiter und weiter, bis sie schließlich vor Erschöpfung zusammenbrach.

Als sie sich etwas ausgeruht und die Lage erneut überdacht hatte, machte sie sich die größten Vorwürfe.

Gerade ihr, der klugen, brillengesichtigen Maus hatte so etwas passieren müssen, das war fürchterlich! Es war nur ein geringer Trost, dass die Falle keinen Schnappmechanismus hatte und sie nicht erschlagen worden war. Vielleicht wäre das sogar besser gewesen! Wer wusste denn, was ihr noch alles bevorstand?

Es widerstrebte ihr eigentlich sehr, um Hilfe zu rufen, doch schließlich siegten Angst und Verzweiflung über ihren Stolz und bald „fiepste" sie so jämmerlich, dass erst einige und dann immer mehr ihrer Artgenossen angelaufen kamen.

Wie erstaunt waren diese und erst recht einige ihrer jungen Zöglinge, die sich neugierig in die vorderste Reihe gedrängt hatten, als sie die Brillenmaus in einem Käfig sahen. Sie wirkte jetzt überhaupt nicht mehr überlegen und allwissend, sondern war offensichtlich nicht imstande, sich selbst zu befreien.

Als die Gefangene den Artgenossen erklärte, dies sei eine völlig neue Art von Mausefalle und sie sollten sich das Ding genau ansehen, um in Zukunft gewarnt zu sein, da war ihr, als ob im Gesicht manch anderer Maus ein Anflug eines höhnischen Grinsens zu sehen gewesen sei.

Die Schatten wurden schnell länger, die Nacht zog herauf und die meisten Mäuse zogen sich nach tausend guten Ratschlägen, die man schnell bekommt, wenn man in der Patsche sitzt, und die soviel helfen wie überhaupt kein Rat, in ihre Behausungen zurück.

Die Unerschrockensten hatten noch schnell einige halbherzige und natürlich vergebliche Befreiungsversuche unternommen, indem sie mit aller Kraft an den Gitterstäben gerüttelt hatten – man musste ja schließlich irgendetwas tun und konnte die Schadenfreude nicht zu offensichtlich zeigen – um dann mit dem Versprechen, am nächsten Morgen sofort wieder zur Stelle zu sein, auch zu verschwinden.

Als nun die letzten ihrer Artgenossen mit offensichtlich schlechtem Gewissen davongeschlichen waren, weil sie das Elend nicht länger mit ansehen konnten und im übrigen ja doch sowieso nicht an den herrlichen Käse herankämen, da wurde es der Brillenmaus ganz schön mulmig. Die Dunkelheit griff unbarmherzig nach ihr und sie war mutterseelenallein in ihrem Drahtkäfig mitten im riesigen Klassenzimmer. Sie zitterte am ganzen Leibe, wenn sie an den nach Rauch stinkenden Zweibeiner dachte, dessen Hinterlist sie in diese Lage gebracht hatte und dessen

Grausamkeit berüchtigt war, wie sie selber ihren Zöglingen immer eingetrichtert hatte.

Obwohl sie sich sehr fürchtete so ganz allein, war sie doch dankbar für die Dunkelheit mit ihren schwarzen Schatten, denn solange der Tag nicht kam, würde auch ihr Feind nicht kommen. Und es gab wohl – außer den Liebespaaren – keine Seele, die sich mehr wünschte, die Nacht würde nie vergehen, als Hermine.

Doch die Zeit bleibt nicht stehen, nimmt keine Rücksicht auf die Welt und ihre Probleme, nicht auf die Liebenden, die das Heraufdämmern des Tages verwünschen, und schon gar nicht auf eine kleine Maus. Viel zu schnell kroch die Helligkeit ungerührt und grausam in alle Ecken des Raumes. Die Falle mit der kleinen Maus stand bald unübersehbar auf der freien Fläche des Raumes.

Plötzlich merkte Hermine an den Erschütterungen des Bodens, dass sich der Feind näherte, und bald roch sie ihn auch.

Der Zweibeiner hatte wohl schon – wie in Vorfreude auf einen zu erwartenden Jagderfolg – am frühen Morgen viele trockene Gräser verbrannt.

Als er nun die Maus im Käfig sah, lachte er so laut, dass das kleine Mäuschen fast ohnmächtig geworden wäre. Er hob die Falle einfach hoch und trug sie mitsamt der Maus aus dem Gebäude.

Draußen roch es so wunderbar nach frischem Grün, nach Blumen mit frischem Tau und irgendwie lag sogar ein Duft von Milch in der Luft. Vielleicht waren das ja schon die Vorboten des Paradieses, in das sie bald geschickt werden würde, wenn man ihr den Kragen umdrehte, dachte sie.

Der Zweibeiner ging nun mit seinen langen, staksigen Beinen über eine riesige freie Fläche, auf der viele Zweibeinerfrischlinge herumliefen und dabei brüllten, als wenn sie bei jedem Schritt starke Schmerzen hätten, und öffnete, oh Wunder, hinter einem kleinen Busch den Käfig und ließ Hermine einfach frei.

Nach kurzem, erstauntem Zögern begann Hermine zu laufen, jeden Augenblick noch mit dem tödlichen Schlag oder dem vernichtenden Fußtritt rechnend. Doch sie erreichte unbeschadet das nächste Gebüsch und verbarg sich augenblicklich unter dürren Blättern. Sie atmete tief durch und konnte ihr

Glück kaum fassen. Um zu spüren, ob sie wirklich noch lebte, kratzte sie sich unsanft mit einem Hinterlauf am Ohr, denn Schmerz ist ja bekanntlich das beste Zeichen, dass man lebt.

Sie blieb lange in ihrem Versteck, wartete bis der Lärm der schreienden Zweibeinerfrischlinge abgeklungen war und lugte dann vorsichtig unter ihrem Schutzschild hervor.

In weiter Ferne sah sie das Haus, in dem sie gelebt hatte. Sie fragte sich ängstlich, ob sie ihre Heimat je wieder erreichen würde?

Aber dann schoss ihr plötzlich der Gedanke durch den Kopf, dass eine Heimkehr ja wohl auch überhaupt nicht erstrebenswert sei. Ihr Ansehen hatte sicher sehr gelitten! Sie, die vermeintlich so kluge, brillengesichtige Maus, hatte sich in einer Falle fangen lassen! Was würden ihre Schützlinge denken? Konnte sie jemals wieder mit Überzeugungskraft vor Gefahren warnen, wo sie doch selber überlistet worden war?

Bei all diesen Überlegungen war sie zu einem anderen Gebüsch gekommen, das wieder anders duftete und zu einem weiteren, wieder mit einem neuen Duft. Die neugierige Nase trieb sie voran. Sie lief zum nächsten Gebüsch und wieder zum nächsten und schnupperte herum, entdeckte immer wieder etwas Neues und vergaß, dass sie ja ursprünglich zurück wollte.

Als sie schließlich vor einem Erdloch, das herrlich in der Sonne lag, andere Mäuse traf, die sie ob ihres klugen Aussehens und der offensichtlichen Tatsache, dass sie eine Weltreisende aus einem fernen, unbekannten Land war, ehrerbietig grüßten und zu sich in ihre gemütliche, kühle Wohnung einluden, da beschloss sie, eine Landmaus zu werden.

Bald traf sie in der Nachbarschaft einen Mäuserich, der todschick aussah mit seinem fast schwarzen Fell mit dezenten hellen Streifen vorne auf der Brust.

Die beiden verliebten sich ineinander, bauten sich eine komfortable Höhle in den Wurzeln eines besonders gut duftenden Strauchs mit einem herrlichen Sonnenplatz davor und lebten bald mit ihrer sich ständig mehrenden Kinderschar glücklich und zufrieden.

Natürlich warnte die kluge, Welt erfahrene Mutter, wie es die Aufgabe aller Mütter ist, ihre Kinder vor allen Gefahren der Welt da draußen, vor übelriechenden Zweibeinern und deren nicht enden wollenden Bemühungen, immer neue und grausamere Mausefallen zu entwickeln.

Dass sie selbst einmal überlistet worden und dass dies beinahe ihr Ende gewesen war, das erzählte sie ihren Kinder natürlich nicht.

Na ja, welche Mutter, welcher Vater gibt auch vor den eigenen Kindern gerne zu – und das noch freiwillig – dass Erwachsene auch nicht immer alles richtig machen?

„Heinrich", der Heuschreck

*

Heinrich war eine - im wahrsten Sinne des Wortes - schillernde Persönlichkeit. Er war ein herrlich und sehr vornehm dunkelgrün schillerndes Heuschreckenmännchen, und wenn er sich reckte, mindestens sieben Zentimeter groß .

Heinrichs Heimat war eine von der glühenden Sonne braun verdörrte große Wiese neben einer kleinen Fischerkate oberhalb des Strands. Dieser Strand mit eieruhrfeinem Sand lockte gerade in der Zeit der Gluthitze immer viele dieser komischen Riesentiere mit langen dürren Hinterläufen und noch dünneren und ungeschickteren Vorderläufen an. Sie nennen sich selber „Menschen", von Heinrich und seinen

Freunden wurden sie aber meist nur "Langbeinstakser" tituliert.

Es war ein herrliches Fleckchen Erde, diese braune Wiese mit ihren langen trockenen Grashalmen, die vom stetigen Meerwind zu Boden gedrückt wurden und so die herrlichsten Unterschlupfe boten. Es entstanden Verstecke gegen den ab und zu doch recht heftigen Sturmwind und vor allem gegen die neugierigen Blicke und das manchmal "handgreifliche" Interesse der „Langbeinstakser".

Diese gab es oft leider mehr als genug in ihrem Reich. Als Zubrot für die immer schmale Haushaltskasse vermieteten die Fischersleute aus der kleinen Kate ihre Wiese an diese fremden Wesen, die dann mit ihren Knatterkisten, die viel Gestank und Lärm machten, auf Heinrichs ureigene Wiese fuhren, um ihre aus hauchdünnem Stoff bestehenden Häuser aufzubauen und viel Kram darin und darum aufzuschichten.

Es klapperte und schepperte eine ganze Weile, bis alles so gerichtet war, wie die Dünnhausbewohner es haben wollten. Bei den tapsigen Bewegungen, zu denen diese Langbeinstakser ja nur fähig zu sein schienen, mussten Heinrich und seine ebenso neugierigen Freunde immer höllisch aufpassen, damit sie nicht von den Riesenfüßen an den Säulenbeinen platt getreten wurden. Oft half nur ein todesmutiger Sprung, um sich in Sicherheit zu bringen.

Doch irgendwann war dann wieder Ruhe eingekehrt. Die „Langbeiner" legten sich jetzt auf den Rücken, alle Viere von sich gestreckt, und drehten ihre weißen Leiber ungeschützt der sengenden Sonne entgegen, nachdem sich einige von ihnen mit einem übelriechenden Schleim beschmiert hatten. Mit großer Verwunderung sahen die grün und grau schimmernden Freunde diesem Treiben zu. Sie liebten es ja auch, in der Sonne zu faulenzen, ihre Beine wohlig vor Vergnügen aneinander zu reiben, doch sorgten sie immer dafür, dass das gleißende und alles verbrennende Sonnenlicht durch einige breite Halme oder durch Blätter gefiltert wurde.

Vorsichtig hüpften die Neugierigsten näher, allen voran natürlich Heinrich, als die „Langbeiner" für eine Zeit still liegen blieben, wobei recht komische schnarrende Geräusche aus ihrer Futteröffnung kamen. Vorsichtig berührten die Freunde die Haut dieser merkwürdigen Riesenviecher. Die erwies sich als genauso weich und wenig widerstandsfähig, wie die Wände der Häuser, in denen diese Langbeiner wohnten. Beide konnten mit den Fühlern selbst der zierlichsten Heuschrecke leicht eingedrückt werden.

Für Heinrich und seine Freunde war es sehr faszinierend, dass sich die bleichen „Dünnhäuter" innerhalb weniger Stunden des Räkelns in der Sonne in Rothäute verwandelten, wie ein Chamäleon, das auf einer saftigen Tomate sitzt.

Die Anwesenheit der Fremden brachte für Heinrich und seine Gesellen außer Lärm und der Gefahr, platt getreten zu werden, aber auch viel Kurzweil mit sich. Es gab im und um das Lager viele herrliche Sachen zu entdecken. Die Mutigsten unter den Grashüpfern erfanden in ihrer Tollkühnheit sogar ein Spiel, bei dem die straff gespannten Außenwände der „Dünnwandhäuser" eine wichtige Rolle spielten. Von einem höher gelegenen Punkt, meist einem morschen Baumstumpf oder einem alten Zaunpfahl in unmittelbarer Nähe, sprangen sie mit aller Kraft gegen die dünne Wand des komischen Hauses und wurden dann in die Luft geschleudert in vorher nicht zu berechnende Richtungen.

Bei diesem Spiel musste man immer voll konzentriert sein, damit man auch ja richtig landete und sich nicht eines der sehr grazilen Beine brach.

Und noch einen weiteren „Nervenkitzel" gab es bei diesem Spiel. Man musste nach einigen wenigen Sprüngen höllisch darauf achten, dass man nicht den „Langbeinstaksern" in die Hände fiel, die recht bald laut schimpfend aus ihren „Häusern" krochen und auf die Grashüpfer Jagd machten, weil sie unverständlicher Weise das Geräusch beim Aufprall auf die dünne Wand wohl nicht mochten. Es ploppte doch so wunderschön!

Wie Unglücke immer leicht geschehen können, wenn man sich in ungewohnter Umgebung allzu sorglos verhält, so passierte es auch an einem besonders heißen Tag, dass aus Unachtsamkeit eines besonders tollpatschigen „Langbeinstaksers" aus der Eisenkiste, in denen diese unmöglichen Gestalten oft ihre Nahrung auf brennenden schwarzen Steinen zu bereiten pflegten, einer dieser brennenden Steine auf die Erde viel, ohne dass es jemand bemerkte. Aus der dichten Matte aus Piniennadeln und verdorrtem Gras stieg sofort eine winzige Rauchsäule auf. Außer den wachsamen Tieren bemerkte keiner die heraufziehende Gefahr. Die „Dünnhäuter" begaben sich - müde vom Schmausen in der Hitze, bei dem sehr viel braune Flüssigkeit getrunken worden war - in ihr Dünnwandhaus und stießen bald darauf und noch lauter als sonst diese bekannten schnarrenden Geräusche aus ihrer Futteröffnung aus.

Aus der kleinen Rauchsäule züngelten schnell kleine Flämmchen, die reichlich Nahrung fanden und sich rasend ausbreiteten. Der heiße Wind vom Meer tat noch ein Übriges. Er blies in die Flammen und trieb diese wie Spielbälle vor sich her.

Heinrich und seine Freunde hatten sich längst durch kraftvolle Sprünge in Sicherheit gebracht, doch sie mussten hilflos mit ansehen, wie Käfer, Ameisen und andere Krabbeltiere, die nicht schnell genug waren, von den Flammen eingeholt wurden. Weiter und weiter breiteten sich die immer höher werdenden Flämmchen aus, und bald würde nicht nur der alte Baumstumpf, auf dem sich Heinrich und einige seiner mutigsten Freunde versammelt hatten, von den Flammen erreicht werden, sondern auch das große Dünnwandhaus, in dem der Verursacher in aller Seelenruhe schlief.

Das Feuer musste unbedingt bekämpft werden, darin waren sich alle einig. Die geeignetsten Werkzeuge für die Brandbekämpfung waren wohl die großen Füße der „Langbeinstakser". Doch wie sollte man die Fallsüchtigen nur aus dem Dünnwandhaus heraus locken? Sicher würden sie irgendwann von selbst herausstürmen, wenn die dünnen Wände in Flammen stünden und es wohl etwas unangenehm heiß im Inneren würde. Doch dann wäre es wahrscheinlich zu spät, um zu verhindern, dass das Feuer die ganze Wiese verwüstete und damit viele tausend Lebewesen den Flammentod erleiden müssten. Wie sollte man diese Riesentiere, deren Instinkte so verkümmert zu sein schienen, dass sie die Gefahr, in der sie sich befanden, nicht bemerkten, nur auf das drohende Unheil aufmerksam machen? Heinrich und seine Freunde hatten es ja schon vergebens mit einem selbst für sie als Heuschrecken Ohren zwickenden Zirpkonzert versucht. Die „Dünnhäuter" schienen nicht nur ohne Instinkte und ohne Riechorgan zu sein, sondern auch ohne Gehörorgane.

Plötzlich kam Heinrich ein Gedanke.
Die „Langbeinstakser" waren immer sehr schnell und mit lauten Geräuschen aus ihren Dünnwandhäusern gekrochen, wenn die großen Heuschrecken bei ihrem sehr beliebten Spiel gegen die gespannten Hauswände gesprungen waren. Vielleicht wäre das eine Möglichkeit, auf das Feuer aufmerksam zu machen? Heinrich sprang mit aller Kraft in die Höhe, ließ sich gegen die dünne Wand knallen, wurde weggeschleudert, landete geschickt auf der Erde und setzte sofort wieder zu einem neuen Sprung an. Schnell begriffen alle, was er vorhatte und beteiligten sich mit aller Kraft daran, die „Langbeiner" herauszulocken. Was sonst immer ein vergnügliches Spiel gewesen war, wurde jetzt todernst betrieben. Es ploppte ununterbrochen, mal durch einen einzelnen Springer, mal durch mehrere, die von unterschiedlichen Absprungorten lossprangen und dann gemeinsam auftrafen. Und wie Heinrich richtig erwartet hatte, entstand in dem Dünnwandhaus sehr bald Bewegung. Man hörte ein lautes Brüllen, die Eingangswand wurde hochgeklappt und der dicke rote Kopf eines „Langbeinstaksers" erschien, um nach den „vermaledeiten" Störenfrieden zu schauen.

Die Flammen in unmittelbarer Nähe der Dünnwandhäuser, der Vorräte und vor allem wohl der Donnerkisten brachten alle Fallsüchtigen rasend schnell auf die Beine.

Große Stoffteile, auf die sich die „Dünnhäuter" sonst legten, oder mit denen sie sich zudeckten, wurden durch die Luft gewirbelt und in die Flammen geschlagen. Auch die großen Füße der „Langbeiner" klatschten auf die Erde, um auch das kleinste Flämmchen zu ersticken. Heinrich und seine Freunde mussten schon zugeben, dass sie selbst es nicht besser hätten machen können. Die ganze Fläche zwischen dem „Schwarzstein-Brennkasten" und dem Dünnwandhaus war schwarz und abscheulich rußig. Und auch die „Langbeinstakser" sahen nach ihren Löscharbeiten nicht mehr tomatenrot sondern eher schwarz-braun- gestreift aus. Sie waren durch die Schweißströme, die sie vergossen hatten, deutlich gezeichnet.

Total geschafft setzten sie sich auf die Erde am Rand der verbrannten Fläche und schütteten gelbes, schäumendes und für eine ehrliche Heuschrecke abscheulich riechendes, völlig ungenießbares Wasser aus runden Behältern in sich hinein.

Es schien sich um eine Art Kriegsrat zu handeln, denn die schwarz-braun gestreiften Rothäute lamentierten lautstark und gestikulierten umso wilder, je mehr braunes Wasser sie tranken.

Heinrich und seine Freunde wollten sich schon einer weiteren Attraktion ihres Reiches zuwenden, dem Misthaufen des Bauern nämlich, als endlich Bewegung in die gestreiften „Dünnhäuter" kam. Sie stemmten sich mühsam vom Boden auf und begannen, teilweise mit recht wackeligen Läufen, ihre Habseligkeiten zusammenzupacken, ihre Dünnwandhäuser abzubauen und alles in die Donnerkisten zu verpacken. Nach viel Getöse und Geschrei, nach Stauen und Werkeln, bei dem natürlich immer weiter braunes Wasser getrunken wurde, erschütterte schließlich das Donnern der Stinkkisten selber die abendliche Ruhe in Heinrichs Reich. Alle schwarz-braun gestreiften, „dünnhäutigen Langbeinstakser" stiegen in ihre Donnerkisten und ratterten vom Platz, der untergehenden Sonne entgegen.

Endlich war wieder Ruhe. Heinrich und seine Freunde rieben sich ganz intensiv ihre Beine und ihr Zirpen klang heute noch stolzer, weil sie

durch ihr „Dünnwandhausspringen" die „Langbeinstakser" vor einer Katastrophe bewahrt hatten.
Natürlich lag auch Zufriedenheit und Freude in ihrem Zirpen, dass nun endlich wieder Ruhe in ihr Reich eingekehrt war.

„Kasimir", das Murmeltier

*

Kasimir und seine Freunde wohnten hoch droben in den Bergen, fast an der Baumgrenze in einem herrlich zerklüfteten Kar, einem uralten Bergrutsch mit großen und kleinen Felsbrocken, zwischen denen man die herrlichsten Höhlen bauen konnte.

Während des Sommers war es absolut ruhig hier in luftiger Höhe, nur das Rauschen des Windes in den mächtigen Fichten, das Murmeln des nahen Baches, das Krächzen der Raubvögel am Himmel und ab und zu der Warnpfiff eines Kollegen, der irgendeine Gefahr bemerkt hatte, waren zu hören.

Der Wald deckte den Murmeln und den anderen Tieren, die sich in die Einsamkeit des Bergwaldes zurückgezogen hatten, reichlich den Tisch und es fiel nicht schwer, die Wintervorräte einzulagern tief in ihren Vorratshöhlen, wo Frost und Schnee ihnen nichts anhaben konnten.

Besonders reich war der Tisch gedeckt im kurzen Bergherbst, wenn das Moos sich wunderbar verfärbte, die Winde schon den nahen Winter androhten und ab und zu der Regen mit weißen Schneekristallen versetzt war.

Dann fielen auch die großen Zapfen der hohen Tannen herunter, und für die Murmel bedeutete dies reichliches Schmausen.

Ohne großen Übergang geht oben in den Bergwäldern der Herbst in den tiefen Winter über. Es schneit dann oft tagelang. Alles ist wie mit dicker weißer Watte bedeckt. Die Bäume tragen weiße Hauben und neigen ihre Äste unter der schweren Last zu Boden. Die Sträucher sehen wie dicke weiße Gespenster aus, und auch die Felsen verlieren ihre scharfen Kanten, werden teilweise sogar eingeebnet von der weißen Pracht.

Die Murmel ziehen sich zuerst tief in ihre warmen Höhlen zurück, lassen den Herrgott einen guten Mann sein, schlafen viel und knabbern ihre eingelagerten Vorräte.

Doch wenn nach einigen Wochen das Peitschen des Windes aufhört, die Sonne ihre Strahlen schon etwas länger die Welt erwärmen lässt, scharren sie ihre Eingänge frei und lugen mit ihren pfiffigen Augen aus dem Schnee.

Schnell hatten Kasimir und seine Freunde erkannt, dass man jetzt in der Sonne in dieser weißen Pracht wunderbar von den Felsen abrutschen konnte. Sie legten sich einfach auf den Bauch und veranstalteten die herrlichsten Schlittenpartien.

Aus dem Tal herauf kamen zu dieser Jahreszeit leider auch sehr viele Zweibeiner in das Revier der Murmel.

Sie waren dick vermummt, hatten vor Kälte oft rote Nasen, banden sich lange Holzlatten an die Füße und stapften so unbeholfen in der Gegend herum. Sie lärmten fürchterlich dabei, doch je lauter sie schrien, umso besser schien es ihnen zu gefallen.

Die Zweibeiner schienen sehr durstige Geschöpfe zu sein, denn sie tranken immer sehr viel. Besonders lustig wurde es, wenn sie nach dem vielen Trinken versuchten, auf den langen Holzbrettern den Berg hinunterzurutschen.

Schon der Start war ein Vergnügen, nicht nur für die Murmel, sondern wohl auch für die zuerst zuschauenden, gummibeinigen Zweibeiner. Selten ging die begonnene Fahrt weit. Der tollkühne Rutscher schlug immer wieder fürchterlich hin, worüber die Zuschauer vor Vergnügen brüllten und sich selber auf die langen Beine und den anderen Herumstehenden auf die Rücken klopften. Jeder Maulwurfshügel beendete die Fahrten abrupt und sorgte oft für akrobatische Sturzflüge mit langen Rutschpartien auf Bauch oder Rücken, bei denen die staksigen Beine mit den langen Latten verdreht und verkrumpelt wurden, dass es eine wahre Freude war.

Der Frühlingstag im Gebirge ist immer noch sehr kurz. Wenn die Schatten aus dem Wald auf den Schneehang kriechen, klingt das Spektakel rasch ab.

So war es auch an diesem Tag. Die letzten Zweibeiner waren ins Tal verschwunden und es kehrte wieder der himmlische Frieden ein.

Wie an jedem Tag liefen die Murmel noch einmal ihr Revier ab, von den Felsbrocken des Kars bis zu den nun leergefegten Schneehängen. Vielleicht fand man ja irgendeine Köstlichkeit, die die Zweibeiner vergessen hatten. Auch wollten sie nicht von einem verspätet abfahrenden Zweibeiner überrascht werden, wenn sie in der Zauberstille die letzten Sonnenstrahlen genossen.

Kasimir wollte gerade Entwarnung pfeifen und zu seiner Erdhöhle zurückeilen, als er einen tief gebeugten Zweibeiner mit einem großen Sack auf dem Rücken von der etwas abseits liegenden hölzerne Behausung der Zweibeiner auf das Kar zukommen sah. Der Zweibeiner blieb immer wieder stehen und schaute sich um.

Kasimir interessierte nicht so sehr das Verhalten des Zweibeiners, als vielmehr das dicke Behältnis, den die Zweibeiner Rucksack nennen, auf seinem Rücken.

Was würden in so einer großen „Vorratshöhle" für Schätze gehortet sein? Ihm lief schon bei dem Gedanken das Wasser im Mund zusammen. Ganz genau beobachtete er von seinem Aussichtspunkt die Bewegungen des Zweibeiners.

Dieser strebte unter Ächzen und Stöhnen mit seiner schweren Last auf das Kar neben dem Schneehang zu.

Was wollte dieser Zweibeiner nur hier in diesem Felsgewirr? Vorsichtig ging der Eindringling immer tiefer in das mit Schnee bedeckte Steingewirr hinein.

An einem besonders großen Felsbrocken hielt er inne, schaute noch einmal vorsichtig in die Runde und ließ seine Last dann auf dem Boden fallen.

Er scharrte mit den Vorderläufen den Schnee vom Fuß des Felsens weg, stopfte seine Last so gut es ging in die entstandene Höhle und häufte wieder Schnee darüber. Jetzt verstand Kasimir, was hier vor sich ging: Der Zweibeiner wollte sich eine Vorratshöhle anlegen.

Viel schneller als vorher mit der Last eilte der Zweibeiner jetzt ohne Rückenfracht auf dem gleichen Weg zurück, wobei er mehrere Male zurückblickte, wohl um sich die Stelle des Verstecks genau zu merken.

Schnell berichtete Kasimir den anderen Murmeln das Gesehene.

Neugier siegte über Vorsicht, und Kasimir und zwei seiner besonders mutigen Freunde machten sich auf zum großen Felsblock.

Sie scharrten die versteckte Beute schnell wieder frei und nagten mit ihren Zähnen einen Eingang durch die ungeahnt zähe Außenhaut des Behältnisses.

Wie groß war die Enttäuschung, als die Murmel nach aller Mühe überhaupt nichts Essbares in der komischen Vorratshöhle fanden! Nur eine Menge runder Metallscheiben und viele bunte Papierstreifen waren in die Vorratshöhle hineingestopft worden.

Alle Arbeit war also umsonst! Auch alles Durchwühlen und das gründlichste Suchen halfen nichts. Es kam nichts Essbares zum Vorschein. Schnell ließ nun auch das Interesse an der vermeintlich reichen Beute nach, und die Murmel zogen sich zur Nachtruhe in ihre Höhlen zurück.

Der nächste Tag brachte wieder neue Aufregungen.

Eine große Gruppe völlig gleich gekleideter Zweibeiner mit merkwürdig runden Mützen auf dem Kopf suchten die ganze Gegend ab, guckten in jeden Winkel, gingen bis zwischen die Bäume am Beginn des Kars und schauten sogar mit langen Glasaugen in der Gegend herum, auch zu dem großen Felsen hin, auf dem die Murmel saßen.

Mehrere von ihnen gingen in einer dicht geschlossenen Reihe einige Meter ins Karr hinein, suchten nach Spuren, die aber gar nicht da sein konnten, weil es in der Nacht heftig geschneit hatte.

Die Sucher gaben bald auf und zogen sich wieder zurück.

Kasimir wurde es schlagartig klar, dass diese Zweibeiner die tragbare Vorratshöhle suchten, die gestern Abend versteckt worden war.

Die Murmel konnten sich zwar nicht vorstellen, warum irgendjemand die Metallplättchen und das Papierzeug, die in der Vorratshöhle waren, suchen sollte, denn man konnte es ja überhaupt nicht essen.

Allmählich fühlten sich die Murmel von dem Herumstampfen der Zweibeiner gestört, vor allem Kasimir, der bei aller Lebendigkeit doch seine beschauliche Ruhe liebte.

Er war es auch, der dem „Großen Rat" der Murmel als Lösung vorschlug, man müsse den Zweibeinern die Vorratshöhle bringen, um wieder Ruhe zu haben.

Die Umsetzung erwies sich aber als schwieriger als geglaubt: das verbuddelte Ding war für die Murmel viel zu schwer!

Sie rackerten und zerrten und doch bewegte sich das verdammte Ding keinen Millimeter.

Wieder war es Kasimir, dem die Lösung einfiel. Warum sollten die Murmel die schwere Arbeit tun, wenn die Zweibeiner das Zeug wiederhaben wollten?

Man müsste doch nur eine Spur aus Metallplättchen und Papierstreifen von der Vorratshöhle bis zum Schneehang legen, um so den Zweibeinern den Weg zu weisen!

Kasimirs Vorschlag wurde sofort in die Tat umgesetzt. Eifrig flitzten die Murmel hin und her, immer ein Metallplättchen oder einen bunten Papierstreifen im Maul, die sie oben auf die noch gerade aus dem Schnee herauslugenden Felsen legten.

So entstand eine deutliche Spur zum Versteck der zähhäutigen Riesenvorratshöhle. Als die Sonne höher stieg, gleißten die Metallscheiben weithin sichtbar und bald bemerkte auch einer der Zweibeiner dieses unnatürliche Glänzen auf den verschneiten Felsblöcken. Die Zweibeiner gingen diesem Gleißen nach, fanden nach umständlichem Suchen schließlich auch die Vorratshöhle und stimmten ein Ohren betäubendes Geschrei an, sodass Kasimir und seine Freunde fast schon bedauerten, die Spur gelegt zu haben.

Der Fund wurde aus dem Kar geschleppt, die Zweibeiner zogen sich in ihre Holzbehausung zurück und bald kehrte wieder Ruhe ein.

Nur einer der Zweibeiner, der wohl hier oben in der hölzernen Menschenhöhle wohnte, untersuchte den Fund genau und sah auch, dass der Rucksack von äußerst scharfen Zähnen aufgenagt worden war. Er schaute lange mit den Glasaugen zu Kasimir und seinen Freunden auf ihren Beobachtungsfelsen hin und man konnte seine Gedanken leicht erraten. Doch endlich – nach einem abschließenden

Kopfschütteln – drehte er sich um und ging den anderen Zweibeinern hinterher.

Kasimir und die anderen Murmeln atmeten erleichtert auf. Gott sei Dank waren die Zweibeiner, auch die Klügsten von ihnen, nicht in der Lage sich vorzustellen, zu was schlaue Tiere – und die Murmel hielten sich für eine der schlausten Tierarten – alles fähig sind, wenn sie ihr Revier vor Feinden schützen wollen.

„Bosse", der Bär

*

Der bohrende Hunger hatte ihn geweckt. Seine Eingeweide zogen sich zusammen. Es musste Frühling sein! Er musste unbedingt etwas zu fressen finden!

Der Wind draußen vor der geräumigen Höhle klang zwar überhaupt nicht nach Frühling. Der Sturm raste um die Felsen, heulte durch die enge Schlucht und fiel mit Zerstörungswut über die wenigen Krüppelfichten und die zerzausten Büsche her. Er peitschte sie mit eiskalter Grausamkeit und deckte sie anschließend mit Schnee zu, wie um seine Missetat zu verstecken. Er hatte eine dicke Schneewolke vor sich her getrieben und zwang sie jetzt, wo sie zwischen den Bergriesen feststeckte, ihre weiße Last auf das erstarrte Land zu werfen. Sogar in den Eingang der Höhle wurde das Weiß hereingefegt. Und doch sagte ihm sein Gespür, dass der Frühling schon gegen die Urgewalt des Winters ankämpfte.

Bosse war ein mächtiges Braunbär-Männchen, das hier in den Ausläufern der Rocky Mountains sein Revier hatte. Er war ein Einzelgänger, war es gewohnt, sein Territorium notfalls mit Brachialgewalt gegen alle Feinde zu verteidigen, besonders gegen jeden anderen Bär.

Ab und zu entdeckte er zwar die Existenz des weiblichen Geschlechts, doch zog er sich bald wieder in seine Einsamkeit zurück, lebte sein Leben so wie es ihm passte.

Die Witterung, die ihm in die Nase gekommen war, hatte seine gierigen Magensäfte in Aufregung versetzt. Es roch nach Fressen. Irgendein Tier war dort draußen, irgendwo vor seiner Höhle!

Der Duft war nicht sehr ausgeprägt und veränderte sich nicht, wurde weder stärker noch schwächer. Entweder war das Tier noch recht weit von der Höhle entfernt oder es war zum Schutz gegen den Eiswind irgendwo untergekrochen. Wie auch immer, er würde es sich holen!

Langsam erhob er sich, schüttelte und dehnte den Rest der Winterstarre aus seinen Knochen. Er war recht dünn geworden über den langen Bergwinter. Sein Fell, das nach dem ertragreichen Herbst bei den ersten Winterstürmen, als er sich in seine Höhle zurückgezogen hatte, recht stramm um seinen Leib gespannt hatte, schlotterte nun doch besorgniserregend bei jeder Bewegung.

Langsam und behäbig näherte er sich dem Ausgang der Höhle. Der Eiswind fiel sofort über ihn her, als er seinen Kopf aus dem Schutz des überhängenden Felsens herausstreckte, riss mit Wut an seinem Zottelhaar und peitschte ihm Eiskristalle in die Augen.

Bosse schüttelte sich erneut, war aber trotz des wütenden Überfalls nicht zum Rückzug bereit. Die Witterung stand! Er tapste das nahezu vollständig mit Schnee verwehte Felsband entlang, das sich an der fast senkrechten Wand von seiner Höhle steil nach unten zur Hochalm zog, wo im Sommer und im Herbst der Tisch reich gedeckt gewesen war. Sogar Bergziegen und einige zarte Lämmer hatte er reißen können.

Doch diese frische Witterung war anders! Sie erinnerte ihn schwach an eine schreckliche Erfahrung, die er als Jungtier gemacht hatte, als er in der Hoffnung auf leichtere Beute zu tief ins Tal abgestiegen war. Er war plötzlich selber der Gejagte gewesen, in die Enge getrieben und beinahe gefangen von Zweibeinern, die Blitz und Donner aus einem langen Rohr auf ihn geschleudert hatten. Es hatte fürchterlich geknallt, wie er es nur bei schweren Gewittern erlebt hatte.

Er hatte plötzlich einen heißen Schmerz und eine augenblickliche Lähmung im rechten Hinterlauf gespürt und sich überschlagen. Unfähig zu einem geordneten Rückzug, war er in den Schutz eines schweren Felsens gekrochen, von dem zu seinem Glück eine ordentliche Ladung Schnee auf ihn gerutscht war. Er hatte die Stimmen der Jäger gehört, die ihn gesucht hatten. Doch sie waren vorbei gegangen und er war unentdeckt geblieben. Auch als wieder Ruhe ins Tal eingekehrt war, hatte er es dennoch lange Zeit nicht gewagt sich zu bewegen, was ihm im Übrigen auch große Schmerzen verursacht hätte.

Und dann hatte er plötzlich vor ihm gestanden, klein und schmächtig, ohne Donnerstock. Das

Menschenkind hatte auf ihn eingeredet, weil es sofort gemerkt hatte, dass der Bär verletzt war.
Es war nicht in den Bereich der Pranken gekommen, hatte aber dennoch genau hingeschaut und war dann so lautlos wie es gekommen war wieder verschwunden.
Als es dann das nächste Mal aufgetaucht war, hatte es etwas zu fressen mitgebracht und es dem hungrigen Tier zugeworfen.
Der Bär war nach diesen herrlichen Bissen merkwürdig müde geworden. Als er dann später wieder bei klarem Verstand war, hatte er sich nur wie durch einen dichten Nebel daran erinnert, dass der Mensch ihn berührt und irgendetwas mit seiner Seite angestellt hatte. Jedenfalls hatte er sich anschließend gut gefühlt, hatte wieder etwas Kraft in seinem Hinterlauf gehabt und war dann nach einer weiteren Fütterung durch den Menschen aus dem Tal verschwunden, hatte sich in sein Revier zurückgeschleppt. Seitdem hatte er die Täler gemieden.
Diese lange zurückliegende Erfahrung ließ ihn sich jetzt noch vorsichtiger der vermeintlichen Beute nähern, die Nase im Wind, der die Witterung auf ihn zu blies, die mit jedem Schritt stärker wurde.

Die Beute musste unmittelbar vor ihm irgendwo stecken!
Zu sehen war natürlich nichts. Der Schnee peitschte waagerecht über die freie Fläche.
Dann stand er plötzlich vor einer Mulde. Er ahnte sie mehr, als dass er sie sah. Seine Nase sagte ihm, dass in der Schneeverwehung am Rande der Geländevertiefung seine Beute steckte, ohne sich zu bewegen. Langsam schlich er näher, jeden Moment mit einem Verzweiflungsangriff rechnend. Doch alles blieb ruhig. Zwei ganz vorsichtige und völlig geräuschlose Schritte brachten ihn über die Beute, das sagte ihm seine Nase.
Jetzt bemerkte er unvermittelt eine leichte Bewegung. Seine Beute lebte. Sie atmete noch. Langsam hob er eine Tatze hoch, um mit einem fürchterlichen Schlag die Beute zu erlegen.
Plötzlich vernahm er ein Geräusch, dass er nur den Menschen zuschreiben konnte. Kein Tier, das er kannte, hatte jemals ein solches durchdringendes Stöhnen von sich gegeben. Hier unter ihm in der Schneewehe musste ein Mensch liegen!
Den würde er aber ganz sicher nicht so einfach mit einem Prankenhieb töten! Dass wäre zu leicht für einen Menschen! Der sollte für die

Angst, für die Schmerzen, die er damals unten im Tal bei der Hetzjagd gehabt hatte, viel länger leiden!

Mit vorsichtigen Bewegungen kratzte der immer wütender werdende Bär den Schnee beiseite und zerrte schließlich das Bündel an seinen Kleidern ganz aus der Mulde heraus.

Plötzlich hielt er ein. Diesen Geruch kannte er genau! Den würde er niemals in seinem Leben vergessen! Das war der kleine Mensch, der ihm das Leben gerettet hatte, sein Wohltäter! Ihm würde er natürlich nichts tun! Ihn würde er am Leben lassen, ihn sogar vor dem eisigen Griff von Eis und Schnee in Sicherheit bringen!

Dafür gab es nur einen Weg, das wusste der Bär. Er musste den Zweibeiner ins Tal bringen. Hier oben, selbst in seiner Höhle, wäre er verloren.

Diese Menschen, die mit ihren Waffen so gefährlich waren, waren für ein Überleben in der eisigen Wildnis, in den sturmgepeitschten Höhen der Berge nicht stark genug!

Das hieß, dass er wieder nach unten musste, in die Nähe der Menschenbehausungen, in die Gefahr!

Doch für ein Zögern war keine Zeit, das spürte das Tier genau. Die Lebenszeichen des

Menschen wurden immer schwächer. Die Kälte setzte ihm sehr zu. Sein Puls ging immer langsamer. Er musste so schnell wie möglich nach unten!

Da der Mensch nicht mithelfen konnte, blieb dem Tier nur die Möglichkeit, ihn mit der Schnauze an den Kleidern so hoch wie möglich zu heben und den abschüssigen Schneehang hinunter zu schleifen. Manchmal ging das sehr schnell, wenn die Verharschung des Schnees dick genug war. Dann musste der Bär, der sich mit seinen großen Krallen natürlich gut halten konnte, das Rutschtempo des Menschen verringern, damit dieser nicht unkontrolliert in irgendwelche Schründe stürzen konnte. Meistens war der Transport allerdings sehr mühselig und erforderte die ganze Kraft des mächtigen Tiers, wenn tiefe Schneeverwehungen den Weitertransport stoppten oder Gletscherspalten den Weg verlegten, über die der Bär alleine mit Leichtigkeit hätte springen können. Jetzt allerdings bedeuteten sie längere Umwege.

Mehrmals kam der Mensch bei besonders starken Aufschlägen auf den Boden kurz zum Bewusstsein. Der Schmerz war wohl in sein Unterbewusstsein gedrungen und hatte ihn

geweckt. Er fiel allerdings dann schnell wieder in eine gnädige Ohnmacht, sicher zum einen wegen seiner allgemeinen Schwäche, doch auch wegen des Schreckens, sich in der Gewalt eines besonders im Frühjahr als gefräßig bekannten Bären zu befinden.
So verging fast eine Stunde. Je tiefer sie kamen, um so mehr ließ die beißende Kälte und auch der peitschende Wind nach.
Und dann roch der Bär plötzlich Rauch. Er wusste, dass dieser Gestank aus den Behausungen der Zweibeiner aufstieg und dass dort Feuer sein musste, also Wärme, die sein Lebensretter dringend brachte. Er beschleunigte nun seinen Gang, lief auf den Abhang zu, der aus dem Bergwald zu den Hütten der Menschen hinabführte.
Dabei spürte er, dass der Mensch, den er daher schleifte, zu Bewusstsein gekommen sein musste und weil er wohl die Situation jetzt richtig einschätzte, sich mit den Händen an seinem Fell festkrallte.
Die letzten Bäume waren jetzt erreicht und mit einem mächtigen Stoß ließ er den Menschen den Berg hinunterrutschen, wobei er ein furchterregendes Brüllen von sich gab, um die anderen Zweibeiner unten im Tal auf den

Geretteten aufmerksam zu machen. Auch das Menschenkind gab natürlich einen hellen Schreckensschrei von sich, als es plötzlich in die Tiefe sauste.

Schnell wurde es zwischen den Menschenbehausungen lebendig. Fackeln flammten auf, Zweibeiner liefen aufgeregt herum und trugen dabei natürlich ihre Donnerstöcke. Beim Rückzug ins Unterholz auf seinem Weg hinauf in die Eiswüste der Berge registrierte der Bär noch, dass sein Retter gefunden wurde. Der kleine Mensch würde also genauso überleben wie auch er damals nach den schrecklichen Erfahrungen mit den Donnerstöcken.

Langsam und ohne besondere Eile trottete er die schroffen Hänge hinauf in Richtung auf seine ureigenste Eiswelt, die noch eine Zeit von den Rückzugsgefechten des Winters geknechtet werden würde.

„Herkules",

der

Löwe

*

Herkules machte von seiner Gestalt her seinem Namen keine Ehre.

Klein, schmächtig und sehr ängstlich traute er sich scheinbar zuerst nicht aus der Mitte des Löwenrudels heraus.

Alle anderen jungen Löwen und Löwinnen hatten schon viele weite Alleingänge gemacht, hatten im hohen Gras der Savanne schon die ersten Jagdübungen auf kleineres Getier hinter sich, meist noch zu tapsig und erfolglos. Doch einige Kniffe und Tricks hatten sie schon in die Praxis umzusetzen versucht.

Herkules, eindeutig der Liebling seiner Mutter, wurde von dieser umhegt und mit Nahrung versorgt, weil sie an das Besondere in ihrem

Sohn glaubte. Er würde einmal ein großer König werden, davon war sie überzeugt.

Das Merkwürdige war, dass Herkules von seinen Altersgenossen, die viel mutiger und draufgängerischer waren als er, nicht etwa verachtet und ausgestoßen wurde. Sie bezogen ihn im Gegenteil immer wieder in die Spiele in unmittelbarer Umgebung des Rudels mit ein, ja man suchte sogar seine Nähe und berichtete ihm von den Streichen. Jeder der Altersgenossen freute sich über sein anerkennendes Nicken und sein fröhliches Fauchen beim Bericht über eine besonders gelungene Heldentat. Die Mutter beobachtete dies alles mit stiller Freude, da sie sich bestätigt fand in ihrer Erwartung, dass ihr Sohn einmal ein großer Führer würde.

Auch beim Vater, mächtig und stark, Chef des ganzen Rudels, wandelte sich ganz allmählich die tiefe Enttäuschung über den vermeintlichen Schwächling als Sohn. Zuerst war er erstaunt über die Stellung seines Sohnes unter dem Löwennachwuchs. Dann suchte er irgendwann einmal selber den Rat seines Sprösslings, der schon oft seine Übersicht bei seinen Altersgenossen bewiesen hatte.

Ganz allmählich nahm Herkules die Stellung eines geschätzten Ratgebers, nicht nur unter den Jungtieren, sondern auch bei den Alten des Rudels ein. Alle erwachsenen Tiere, ob männliche oder weibliche, akzeptierten bald seine Anwesenheit im großen Rat.

Er saß immer neben seinem Vater, und immer öfter beeinflusste seine Stellungnahme die endgültige Entscheidung über irgendwelche Unternehmungen.

Eines Tages näherten sich mehrere rollende Donnerkisten dem Ruheplatz des Rudels in der Savanne. Die neugierigen Blicke dieser komischen Lebewesen in ihren fahrbaren Blechhöhlen waren sie gewohnt und es störte sie nicht weiter, wenn sie in genügend großer Entfernung blieben.

Doch an diesem Tag rollten die Knatterkisten viel dichter als normal an ihnen vorbei.

Und dann passierte etwas ganz Entsetzliches.

Aus einer der Blechkisten wurde ein dünnes Rohr gestreckt, es gab einen fürchterlichen Knall, dem ein Donnergrollen folgte, und ein Spielgefährte von Herkules, der dem Stinkgefährt vorsichtig sichernd entgegen gegangen war, stürzte wie vom Blitz getroffen tot um.

Eine solch schreckliche Gefahr hatten die Löwen bisher noch nie erlebt.

Sie waren es nicht gewohnt, dass sie selber angegriffen wurden, und dass einer von ihnen, obwohl das ganze Rudel dabei war, getötet wurde. Zwar passierte es hin und wieder, dass ein in die Enge getriebenes Beutetier, das vom Löwenrudel gejagt wurde, plötzlich den einzelnen Jäger, der ihm gerade gegenüber lauerte, angriff, und – weil ihm die Todesangst ungeahnte Kräfte verlieh – auch verletzte. Doch ein Angriff ohne erkennbaren Feind war ihnen unbekannt.

Das Rudel drängte sich, wie es der Instinkt gebot, zur Abwehr der ungekannten Gefahr eng zusammen. Die Jungen und die Weibchen wurden zum Schutz in die Mitte genommen.

Damit taten sie natürlich genau das Falsche. Das Rohr donnerte noch einmal aus der rollenden Blechkiste, und in der Mitte des Rudels wurde eine junge Löwin tödlich getroffen.

Wütend sprangen jetzt – trotz des Warnschreis von Herkules – zwei Löwenmännchen mit wild aufgerichteter Mähne auf die rollenden Blechkisten zu, um die Gefahr zu beseitigen.

Doch das erste dieser Männchen wurde schon im Herauslaufen niedergestreckt und das zweite im Sprung. Dieses so schreckliche Zwischenspiel hatte dem Rudel die notwendige Atempause gebracht, um sich zurückzuziehen.

Die Tiere liefen im hohen Gras auf die nahen Berge zu und zogen sich in das Tal zurück, an dessen Ende sie ihre Tränke wussten. Die Stinkkisten folgten ihnen gemächlich, ohne den Versuch zu machen, sie einzuholen.

Waren die Feinde etwa nach dem überraschenden Angriff der beiden Löwen vorsichtiger geworden?

Doch bald sollte Herkules erkennen, dass die Feinde gar keine Eile zu haben brauchten, weil sie die Gegend ganz genau zu kennen schienen.

Als das ganze Rudel am Ende des Tales angekommen war und alle gierig das frische Wasser zu trinken begannen, bildeten die Fahrzeuge eine Kette und schlossen so das Tal ab.

Mehrere Zweibeiner sprangen aus den Donnerkisten und rannten eine ganze Zeitlang emsig hin und her, von den Löwen natürlich mit Argwohn beäugt.

Plötzlich stand, wie von Geisterhand entzündet, eine Feuerwand vor dem Tal. Herkules sah

und roch es als Erster. Der Wind stand auf die Tiere zu, trieb also die Flammen und den Rauch ins Tal hinein. Die sonst so behäbigen Tiere waren jetzt in heller Aufregung.
Jedem Bewohner der Savanne ist diese Angst eingegeben. Feuer ist der größte Feind, den kein noch so starkes und mächtiges Tier besiegen kann.

Und plötzlich erkannte Herkules mit Schrecken, dass es für sie keinen Ausweg gab. Auf der einen Seite behinderten die schroffen Felsen ein Weiterkommen, und auf der anderen Seite schnitten ihnen die Flammen und die Zweibeiner mit ihren Donnerstöcken den Weg ab. Die lodernde Feuersbrunst sparte nur eine ganz schmale Schneise aus, den Lauf des Baches nämlich, der hier aus dem Tal in die Ebene fließt.
Der verzweifelte Versuch einiger weniger Tiere, durch dieses Bachbett zu entkommen, endete tödlich, weil natürlich genau dort die Donnerrohre warteten.
Allmählich kam im Löwenrudel, dem normalerweise Angst unbekannt war, große Unruhe, ja sogar eine Art Panik auf. Einige Tiere versuchten die schroffen Felsen zu erklimmen,

fielen aber nach wenigen Metern immer wieder in die Tiefe.
Auch Herkules in seiner verzweifelten Suche nach einem Ausweg erging es so.
Er war am äußersten Ende, dicht am Wasserfall, der in Kaskaden in den kleinen See fiel, auf ein Felsband gesprungen, um einen gangbaren Weg in die Höhe zu suchen. Er näherte sich dem Wasserfall vorsichtig, jeden Schritt ausbalancierend. Und doch rutschte er auf den nassen, dick bemoosten Steinen aus und stürzte hinunter in den kleinen See.
Als er wieder an die Wasseroberfläche kam, merkte er, dass er jetzt hinter der Wand aus Wasser aufgetaucht war.
Zu seiner großen Überraschung erblickte er im Fels die Öffnung einer großen Höhle. Als er dann neugierig darauf zu schwamm und vorsichtig auf das Ufer hoch kletterte, stellte er fest, dass diese sich tief in den Berg hineinzog.
War das die Rettung?
Er schwamm wieder auf die Wasserwand zu, wurde von den auf ihn stürzenden Fluten unter Wasser gedrückt, kam wieder frei und stand bald am Rande des Sees, wo er den anderen Tieren des Rudels sofort zu verstehen gab, dass sie ihm folgen sollten.

Die große Flammenwand war schon dicht herangekrochen.
Alle Tiere des Rudels überwanden die angeborene Scheu vor dem Wasser und schwammen hinter Herkules auf die donnernden Wasserfluten zu.
Prustend und sich schüttelnd standen bald alle in der Höhle, die zwar ausreichend groß war, aber im diffusen Licht, das durch den Wasservorhang fiel, wie eine Sackgasse aussah.
Im Übrigen wurde allen schnell bewusst, dass es hier nicht genügend Nahrung gab. Die wenigen Ratten und Mäuse, die sich anfangs noch sehen ließen, waren für die großen Tiere nur etwas für den „hohlen Zahn".
Wieder war es Herkules, der die Initiative ergriff und tiefer in die Höhle vordrang, um vielleicht doch einen anderen Ausgang zu finden, denn allen war klar, dass vor dem Wasserfall, auch wenn die Feuerwalze ausgewütet hatte, die Donnerrohre warteten.

Er kroch in mehrere Stollen hinein, musste aber immer wieder zurückkriechen, weil sie zu eng wurden und dann endeten. Er war schon drauf und dran, sich in sein Schicksal zu ergeben und einen Ausbruchversuch zu organisieren, der sicher viele Verluste gebracht hätte, da spürte er plötzlich einen Windzug und sah hinter der nächsten Wegbiegung am Ende des Ganges, in dem er sich gerade befand, einen kleinen Fleck Tageslicht.

Schnell war er dort, scharrte mit seinen ausgestreckten Krallen die Öffnung größer und zwängte sich schließlich durch den engen Durchschlupf.
Unerwartet stand er auf der Hochebene oberhalb des Wasserfalls, dicht neben dem Bachbett. In den Regenzeiten, bei üppigem Wasserstand, brauchte der Bach diesen zusätzlichen Ablauf und hatte die Höhle, in die sie sich gerettet hatten, im Laufe der Zeit ausgewaschen. Er kroch sofort zurück, holte das ganze Rudel nach, und bald lagen die Tiere, die Sonne genießend, auf der Hochfläche. Der Bach in ihrer Reichweite, diente ihnen als Trinkwasser und auch als Jagdgebiet. Denn wenn die anderen Tiere in der Dämmerung zum Wasser kamen, waren sie leichte Beute.
Den Wildhütern fiel die plötzliche Vermehrung der Löwen auf der Hochebene ihres Reviers sofort auf, und bei einer Kontrollfahrt zum ursprünglichen Lagerplatz der Löwen fanden

sie die Kadaver der erlegten Tiere. Als sie die Geier verscheucht hatten, sahen sie, dass hier wohl Wilderer am Werk gewesen waren, die die Tiere nur wegen der Felle und wegen des Kopfes abgeschlachtet hatten.

Die Täter waren leicht zu finden, weil sie nicht nur ihre Spuren nicht verwischt hatten, sondern sogar in ihrer Habgier und in ihrer Skrupellosigkeit Feuer gelegt hatten, ein schwerer Gesetzesverstoß in einem so trockenen Land. In ihren Jeeps warteten die Räuber immer noch vor dem Tal auf die Tiere, die ja sicher bald würden ausbrechen müssen.

Sie bemerkten die Wildhüter viel zu spät für eine Flucht und versuchten jetzt, sich den Abzug mit Waffengewalt zu erzwingen.

Einige Wilderer wurden verletzt oder getötet, ihre Wagen durch gezielte Schüsse in den Tank in Brand gesetzt, der Rest wurde schließlich verhaftet und zur Verurteilung weggeschafft.

Herkules und sein Rudel kehrten nicht in die alten Jagdgründe zurück, der Schock saß noch zu tief. Im Übrigen versprach der neue Lebensraum, den sie durch die Initiative ihres heimlichen Häuptlings gefunden hatten, viel reichere Beute und ein ruhigeres und angenehmeres Leben, weil die Zweibeiner in ihren rollenden Stinkkisten bis zu dieser unwegsamen Stelle nicht gelangen konnten.

„Theoderich", der Elefant

*

Theoderich war - ebenso wie sein berühmter Namensvetter der König der Gotenhorden - aus königlichem Geblüt und Befehlshaber der größten Elefantenhorde in den weiten Steppen seiner heißen und trockenen Heimat.
Theoderich war ein starker Elefantenbulle. Sein mächtiger Schädel überragte alle anderen und so war es ihm nicht sehr schwer gefallen, sich seine vom Vater auf den Sohn weitergegebene Machtstellung auch mit Körperkraft wieder zu erobern, wie dies von jedem neuen Leittier erwartet wurde. Sein markerschütternder Trompetenstoß, den er zum ersten Mal triumphierend und Gehorsam heischend nach seinem Sieg über einige starke Widersacher ausgestoßen hatte, hatte sich allen eingeprägt, und jedes Tier der Herde folgte ihm augenblicklich.

Er war nicht nur der Stärkste, sondern auch der Klügste der Herde und verstand es immer, sie an reiche Weideplätze zu führen.

Doch das wurde immer schwieriger in diesem Sommer, der schon viele Wochen das Land mit seiner verdörrenden Gluthitze knechtete. Der Boden war hart gebacken und rissig, die wenigen Grashalme waren braun und ohne Leben. Das Wasser an den Wasserstellen verdunstete fast schneller, als es aus den unterirdischen Quellen nachsickern konnte.

Nach und nach starben die wenigen noch verbliebenen Bäume, die Schattenspender waren und natürlich Nahrung für die großen Pflanzenfresser.

Die Wege zwischen den Futterstellen wurden für die Herde von König „Theoderich" immer weiter und beschwerlicher, und längst reichte das wenige Wasser nicht mehr für das von den Elefanten so heißgeliebte Schlammbad aus, mit dem die Elefanten sich Linderung von den äußerst lästigen Bissen der Schmarotzer in ihrer rissigen Haut holen. Jetzt mussten sie meist damit vorlieb nehmen, mit ihrem Rüssel Staub und Sand über ihren riesigen Rücken zu blasen. Die Herde - und mit ihr Theoderich -

war aufs Äußerste beunruhigt. Wie lange würde es ihnen noch gelingen, sich zu ernähren?

An einem besonders heißen Tag, die Sonne wütete geradezu aus dem bleiern gleißenden Himmel, zog Theoderich mit seiner Herde durch braun verbrannte Hügel in der Nähe einer sonst üppig gefüllten Wasserstelle.

Sehr weit mussten die Tiere den Hügel hinuntersteigen, um an den erschreckend niedrigen Wasserspiegel zu gelangen.

Das Erscheinen der Elefantenherde vertrieb einige andere Besucher der Wasserstelle, die vorsichtshalber den Dickhäutern das Feld überließen, die sich dann auch ausgiebig an der bräunlichen Herrlichkeit gütlich taten.

Zuerst tranken sie auf ihre umständliche Art und Weise unglaubliche Mengen Wasser, und dann bespritzten sie sich noch nach Herzenslust. Danach trotteten sie wieder gemächlich von dannen und rupften auch noch die letzten Halme aus dem geschundenen Boden.

Auf der Kuppe des Hügels, den sie nach dem Trinken gemächlich und behäbig hinaufgestiegen waren, drang ihnen ein fremder

Geruch in die Nase, nicht in erster Linie beunruhigend, aber völlig neu. Selbst Theoderich wusste ihn nicht zu deuten. In der Ferne – hier kam der Geruch wohl her - sahen sie merkwürdige Tiere auf nur zwei dünnen Beinen zwischen eigentümlichen Gebilden, die entfernt den Behausungen der Eingeborenen ähnelten, geschäftig hin und her laufen.

Weil von diesen Wesen keine sichtbare Gefahr ausging, und die Elefanten von Hause aus neugierig sind, näherten sich Theoderich und seine Herde zutraulich dem Treiben.

Von der drohenden Gefahr durch einige dieser Zweibeiner merkte die im Umgang mit Menschen völlig unerfahrene Herde nichts. Einige Menschen hatten nämlich, als sie die Elefantenherde näher kommen sahen, zu ihren Gewehren gegriffen und wollten so die vermeintlichen Angreifer vertreiben.

Die Besonnenen unter den Zweibeinern, die wohl erkannt hatten, dass von den Elefanten keine Gefahr ausging, sondern sie sich einfach neugierig näherten, hielten die Hitzköpfe aber vom Schießen ab, ließen die Tiere noch etwas näher kommen und warfen ihnen dann Brotstücke, Obst und Salatköpfe zu.

Zuerst hatten sich die grauen Riesen vorsichtig ein paar Schritte zurückgezogen, als die Essenssachen durch die Luft flogen.

Doch bald überwog die Neugier, und der erste Elefant - natürlich Theoderich - griff mit seinem Rüssel ein Brotstück und steckte es vorsichtig in den Mund.

Spätestens als er dann auch nach einer Mangofrucht griff, waren die anderen Tiere an seiner Seite und fraßen nach Herzenslust die vor ihnen liegenden Köstlichkeiten, die eine herrliche Abwechslung darstellten nach den Wochen, in denen sie fast nur von dürren Gräsern gelebt hatten.

Erst als nichts mehr geflogen kam und auch das letzte Stück Brot und der letzte Salatkopf verzehrt waren, trotteten sie in der typischen Elefantenreihe in die flirrende Steppe.

Die Menschen in ihrem Zeltlager waren froh, dass sie die Situation so einfach gerettet hatten, statt ein Blutbad anzurichten, wenn auch die Vorräte an Brot, Frischgemüse und Obst empfindlich geschrumpft waren.

Plötzlich hob Theoderich den Kopf.

Sein empfindliches Riechorgan hatte einen neuen Geruch aufgenommen, beunruhigend, ja sogar furchterregend.

Auch die anderen Tiere seiner Herde hoben jetzt ihre mächtigen Schädel und liefen unruhig hin und her. Einige wollten sich instinktiv mit der Windrichtung zur Flucht wenden und nur ein gebieterischer Trompetenstoß von Theoderich ließ sie verharren.

Ein starker Brandgeruch wurde vom heißen Wind herangetragen und es bedurfte schon der ganzen Autorität eines starken Führers wie Theoderich, um das Weglaufen zu verhindern, wie das andere Tiere taten, die schon in wilder, panikartiger Flucht an ihnen vorbeihetzten,.

Der Brandgeruch kam eindeutig vom Lager der fremden Zweibeiner herüber, die sie mit so wunderbaren Köstlichkeiten gefüttert hatten.

Obwohl auch in ihm der instinktive Drang übermächtig war, sich der drohenden Gefahr zu entziehen, ging Theoderich, vorsichtig gefolgt von seiner mit Autorität zusammengehaltenen Herde, auf die Gefahr zu.

Bald sahen sie, dass das trockene Gras und das niedrige Buschwerk auf der anderen Seite des Lagers der Zweibeiner Feuer gefangen hatte, und sich die Flammen auf das Lager, auf diese dünnwandigen Häuser, zu bewegten.

Auch konnten sie sehen, dass die Zweibeiner aufgeregt hin und her rannten und mit Kleidungsstücken, Zweigen und eilig ausgerissenen trockenen Büschen auf die Flammen einschlugen.

Im Angesicht des Feuers waren nun viele kleine Tiere der Herde drauf und dran, die Flucht zu ergreifen, und nur weil Theoderich laut trompetend auf das Lager zustürmte, folgten sie ihrem Führer, wenn auch immer zögerlicher.

Theoderich stampfte zwischen den Zelten hindurch direkt auf die Flammen zu, denn er spürte instinktiv, dass die Elefanten ihren neuen Freunden helfen mussten. Elefanten vergessen nie etwas, das man ihnen getan hat, weder etwas Böses noch etwas Gutes.

Hätte er jetzt nur genügend Wasser hier zur Verfügung, das er in seinen Rüssel hoch saugen und auf die Flammen spritzen könnte! Doch es musste eben auch ohne Wasser gehen!

Er senkte plötzlich seinen Rüssel, saugte möglichst viel Staub und Sand auf und schnaubte die ganze Ladung auf die Flammen.

Das Ergebnis dieses ersten Versuchs gab ihm recht, die heißen Gierlichter in seiner unmittelbaren Nähe erloschen.

Die Zweibeiner blieben erstaunt stehen. Erst jetzt hatten sie die unerwartete Hilfe bemerkt und räumten gerne das Feld für die jetzt auch herandrängenden anderen Grauleiber, die hinter dem Erfolg ihres Anführers nicht zurückstehen wollten.

Die Tiere füllten ihre Rüssel mit Sand, pusteten ihn auf die gierigen Flammen und löschten diese nach und nach ab.

Was die Zweibeiner mit ihren unzureichenden Mitteln wenn überhaupt nur mühselig geschafft hätten, erledigten die Tiere mit ihren Rüsseln wesentlich wirkungsvoller.

Bald waren die bedrohlichen Lichter verschwunden, und nur hier und da kräuselten sich noch Rauchwölkchen, die aber bald auch erstarben, erstickt von immer neuen Ladungen Sand, die über die ganze Fläche ausgeschnaubt wurden.

Längst hatten sich alle Zweibeiner aus der vordersten Front zurückgezogen und bereiteten stattdessen ihren vierbeinigen Freunden ein wahres Festmahl.

Sie hatten alles, was Elefanten munden konnte, aus ihren Vorratszelten herangeschleppt und breiteten die Schätze jetzt vor dem Lager aus. Die grauen Riesen stießen triumphierende Trompetenstöße aus. Theoderich stolzierte vor der Front seiner Herde wie ein siegreicher Feldherr einher, hatten sie doch einen Feind besiegt, der oft genug grausam zuschlug und viele Opfer unter den Tieren, die wehrlos vor ihm zu flüchten versuchten, forderte.

Theoderich und seine Freunde hatten ihre Wohltäter gerettet, hatten Gutes mit Gutem vergolten und hatten vielen anderen Tieren das Leben gerettet. Sie hatten gezeigt, dass entschiedener und mutiger Einsatz auch bei größter Gefahr eine Katastrophe verhindern kann.

****